Anselm Grün

In der Wüste ist der Himmel nah

Die Weisheit der Wüstenväter

Fotos von
Jürgen Hohmuth

Gütersloher Verlagshaus

Inhalt

Einleitung

Die Spiritualität der Wüstenväter

Ende des dritten Jahrhunderts zogen die ersten Männer in die Wüste, um dort allein zu sein und sich nur der Gottsuche zu widmen. Die Mönche wollten die Glut der Märtyrer wieder neu entfachen, die in der Kirche, als diese unter Kaiser Konstantin zur Staatsreligion wurde, immer schwächer geworden war. Die Mönche hatten Sehnsucht nach einem authentischen christlichen Leben, das ganz und gar vom Geist Jesu geprägt ist und nicht von der Anpassung an den Zeitgeist. So entstand eine Bewegung, die für die Kirche und für die damalige Gesellschaft ein Segen war. Obwohl die Mönche ausgezogen sind aus der Welt, haben sie für die Welt doch eine wichtige Bedeutung bekommen. Sie haben der Welt einen Spiegel vor Augen gehalten und waren so gleichsam wachsame Mahner in einer Gesellschaft, die damals am Ende der Antike dekadente Züge aufwies. So hatte die Mönchsbewegung nicht nur eine spirituelle Wirkung, sondern letztlich auch eine gesellschaftliche Bedeutung.

Warum die Mönche gerade in die Wüste gezogen sind, das hat verschiedene Gründe. Zum einen galt die Wüste als der Ort der Dämonen. Sie wollten die Dämonen dort bezwingen, wo ihr Herrschaftsbereich ist. Sie glaubten, dass sie damit einen Beitrag für die Erhellung der ganzen Welt leisteten. Wenn die Welt in der Wüste vom Geist Jesu erfüllt wird, wo sonst die Dämonen herrschen, dann wird die ganze Welt davon berührt und offen für das Heil, das in Jesus Christus zu uns gekommen ist. Ein anderer Grund war, dass die Wüste ein Raum der Stille ist, in dem die Mönche sich ganz auf ihre Suche nach Gott konzentrieren konnten. Und zum Dritten hatten die Mönche die Bibel gelesen, für die die Wüste eine wichtige Rolle spielte. Die Bibel berichtet nicht nur von den vierzig Jahren, die Israel durch die Wüste ziehen musste. Gerade die Propheten verherrlichten die Zeit in der Wüste als die Zeit der ersten Liebe zwischen Gott und seinem Volk. Es ist die ideale Urzeit ungetrübter Harmonie und Treue zwischen Jahwe und seinem Volk Israel. Die Wüste ist also ein spiritueller Ort, ein Ort, an dem uns Gott näher ist, an dem uns der Himmel nahe ist. Der Prophet Jesaja führt den Verbannten in Babylon das verheißungsvolle Bild vor Augen, dass sie auf einer prachtvollen Prozessionsstraße durch die sich ins Paradies verwandelnde Wüste in ihre Heimat ziehen. Die Wüste ist beides: Ort der Versuchung und Ort der besonderen Nähe Gottes, Ort der Finsternis und des Lichtes, Ort, an dem die Dämonen hausen, und der Ort, an dem der Himmel sich über uns öffnet und wir das Geheimnis unseres Lebens feiern: dass Gott mit uns ist, ja dass der Himmel in uns ist, dass Gott in unserem Herzen Wohnung genommen hat.

Antonius

Einer der ersten, die in die Wüste zogen, war Antonius. Er hatte in der Kirche das Wort gehört: »Wenn du vollkommen sein willst, geh, verkauf deinen Besitz und gib das Geld den Armen; so wirst du einen bleibenden Schatz im Himmel haben; dann komm und folge mir nach.« (Matthäus 19,21) Diese Worte trafen den Achtzehnjährigen ins Herz. Er tat, was ihm da verkündet wurde, und zog allein in die Wüste. Zuerst verschanzte er sich in einer verlassenen Festung. Dort begegnete er den bisher verdrängten Schattenseiten. Für ihn war das der Kampf mit den Dämonen. Matthias Grünewald hat auf dem Isenheimer Altar die Versuchung des Antonius mit grellen Farben gemalt. Die Dämonen griffen ihn als wilde Tiere an und schlugen ihn halbtot. Doch er wich nicht von den Dämonen. Er nahm seine Zuflucht zu Jesus Christus. Der stand ihm bei. Und so siegte er über die Dämonen.

Heute würden wir diese seelischen Kämpfe in einer eher psychologischen Sprache beschreiben als Kampf mit dem eigenen Schatten, als ehrliche Begegnung mit den Abgründen der eigenen Seele, als Auseinandersetzung mit den unterdrückten Anteilen, die sich wie wilde Dämonen gebärden und den Antonius abhalten wollen, den spirituellen Weg weiter zu gehen. Antonius aber hält stand. Er hat den Mut, sich selbst zu begegnen. Er weiß sich von Gott absolut angenommen. Und er weiß um Christus, der ihm zur Seite steht und zu ihm hält. Er ist überzeugt: »Ein Siegel ist für uns und eine sichere Mauer der Glaube an unseren Herrn.« Doch einmal fühlte er sich während des Kampfes allein gelassen. Da schrie er zum Herrn: »Wo warst du? Warum bist du nicht zu Anfang gekommen, um meine Qualen zu beendigen?« Da hörte er eine Stimme, die zu ihm sprach: »Antonius, ich war hier, aber ich wartete, um dein Kämpfen zu sehen. Da du den Streit bestanden hast, ohne zu unterliegen, werde ich dir immer hilfreich sein, und ich werde dich berühmt machen allerorten.«

Antonius wurde berühmt. Zahlreiche Menschen folgten ihm. Der hl. Bischof Athanasius schrieb eine Biographie des hl. Antonius. Diese machte auf viele junge Männer einen solchen Eindruck, dass sich die Wüste immer mehr mit Mönchen füllte, die dem Vorbild des hl. Antonius nacheiferten. Als Antonius nach zwanzig Jahren innerer Kämpfe aus seiner Festung heraustrat, da – so

sagt der hl. Athanasius – trat er »wie aus einem Heiligtum hervor, eingeweiht in tiefe Geheimnisse und gottbegeistert«.

In den ersten Jahrhunderten nach Christus gab es im gesamten Mittelmeerraum zahlreiche Mysterienkulte, in denen die Teilnehmer während der nächtlichen Feiern eingeweiht wurden in das Schicksal des Gottes, dessen Leben und Tod sie kultisch begingen. Es gab damals eine große Sehnsucht, aus dem Alltäglichen auszubrechen und eingeweiht zu werden in das eigentliche Leben, tiefere Erfahrungen zu machen als die oberflächlichen von Arbeit und Geldverdienen. Athanasius antwortet auf diese Sehnsucht, wenn er Antonius als einen beschreibt, der durch seine Einsamkeit und seine inneren Kämpfe eingeweiht worden ist in tiefe Geheimnisse und der ganz und gar von Gott erfüllt war. Dieses Eingeweihtsein zeigt sich darin, dass Antonius in seinem Innern ganz rein und klar war, freundlich in seiner Rede, ganz und gar Ebenmaß. Antonius übte eine große Wirkung auf die Menschen aus, die ihn sahen. Kranke kamen zu ihm und wurden geheilt. »So tröstete er viele Trauernde, andere, die im Streite miteinander lagen, versöhnte er, so dass sie Freunde wurden.«

Antonius wurde zum Lehrer vieler Mönche. Seine Lehre bestand darin, das Himmelreich in sich zu suchen. Der Weg zum Himmelreich in unserer Seele geht über die ehrliche Selbstbegegnung und über den Kampf mit den Dämonen. Das Ziel dieses Kampfes ist, dass die Seele zu ihrem wahren Wesen kommt. Geschaffen ist die Seele »in Schönheit und voller Harmonie«. Daher führt der Kampf, auch wenn er manchmal anstrengend ist, doch zum inneren Glanz der Seele, zu ihrem Gleichmaß und zur Harmonie zwischen Leib und Seele. An Antonius wird dieses Ziel des geistlichen Weges sichtbar. Athanasius sagt von ihm: »Er war niemals in Unruhe, da seine Seele voll heiteren Friedens war. Niemals wurde er finster, da sein Geist sich freute.«

Den Eindruck, den Antonius auf die Menschen seiner Zeit machte, beschreibt Athanasius so: »Er war wie ein Arzt, den Gott dem Lande Ägypten geschenkt hatte. Denn wer kam traurig zu ihm und kehrte nicht voll Freude heim? Wer kam weinend wegen seiner Verstorbenen und vergaß nicht sogleich sein Leid? Wer kam im Zorn, ohne dass er zur Freundschaft umgestimmt wurde? Wer kam arm und mutlos und verachtete nicht, nachdem er ihn gehört und gesehen, den Reichtum

Antonius

und tröstete sich in seiner Armut? Wenn ein Mönch nachlässig gewesen war und zu ihm ging, wurde der nicht noch ausdauernder? Welcher junge Mensch kam auf den Berg und verleugnete nicht sogleich, nachdem er den Antonius gesehen, die Vergnügungen und liebte die Mäßigung? Wer kam zu ihm, der von einem Dämon geplagt wurde, ohne dass er Ruhe fand? Wer ging von Zweifeln gepeinigt und wurde nicht ruhig in seiner Seele?«

Unter den vielen Mönchen, die Antonius in die Wüste folgten, ragten die Altväter Makarius, Poimen, Agathon, Arsenius, Mose und Pambo hervor. Von ihnen sind zahlreiche Sprüche überliefert, die in der Sammlung »Apophthegmata patrum« gesammelt und weitererzählt wurden. In ihnen begegnet die Weisheit der Wüstenväter. Sie haben in der Einsamkeit die Höhen und Tiefen des Menschseins erfahren. Sie sind in der ehrlichen Selbstbegegnung und in der Suche nach Gott barmherzig geworden und weise. So kamen viele Ratsuchende zu ihnen und fragten sie, was sie tun sollten. Die Väter antworteten ihnen oft sehr kurz und prägnant. Sie redeten nicht lange um den heißen Brei herum. So rät Poimen einem Besucher: »Lehre deinen Mund sprechen, was in deinem Herzen ist.« Wenn er das ein Jahr lang übt, dann wird sich sein Leben wandeln. Die Spiritualität der Wüstenväter ist ganz konkret und sie geht immer über die Übung. Askese war ein großes Wort. Askese heißt: Übung, Training. Wer auf dem Weg zu Gott und auf dem Weg der inneren Wandlung weiterkommen wollte, der musste sich ein ganz konkretes Trainingsprogramm auferlegen. Die Wüstenväter spürten genau, was für diesen oder jenen die richtige Übungsaufgabe war. Das Ziel dieser Übung war, ganz und gar vom Geist Jesu Christi erfüllt zu werden und in seiner Seele auf Gott ausgerichtet zu sein und schließlich mit ihm eins zu werden. Es war letztlich ein mystischer Weg, ein Weg des Einswerdens mit Gott. Aber der Weg zur mystischen Erfahrung ging sehr konkret über die Handarbeit, das Fasten, das Schweigen, den Verzicht, zu bewerten und andere zu belehren.

Ich möchte an dieser Stelle ein paar Mönche herausgreifen, die durch ihre Schriften dazu beigetragen haben, das Gedankengut der Mönche der Nachwelt zu überliefern.

Evagrius Ponticus

Der wohl wichtigste Mönchsschriftsteller war Evagrius Ponticus, der von 345-399 lebte. Er war ein gebildeter Grieche und hatte Theologie studiert. In Konstantinopel war er Diakon, der sich durch seine hohe Theologie und gute Predigt auszeichnete. Als er in eine innere Krise geriet, fuhr er als junger Mann nach Jerusalem, um Mönch zu werden. Doch dort vergaß er zuerst seine Berufung. Erst als er krank wurde, besann er sich wieder auf den Ruf, den er vernommen hatte, und ging nach Ägypten in die Wüste. Dort wurde er Schüler der beiden Mönchsväter Makarius des Ägypters und Makarius des Alexandriners. Er war sozusagen der Psychologe unter den Mönchen. Seine Briefe offenbaren ihn als einen sensiblen, gebildeten und sanften Menschen. Er hat als Erster die Lehren der Wüstenväter über Askese und Gebet, über Selbsterkenntnis und Gotteserkenntnis systematisch dargelegt. Dabei verbindet er die Erfahrungen der Mönche mit der spekulativen und mystischen Theologie des Origenes. Bekannt sind vor allem seine beiden Werke »Praktikos« und »Über das Gebet«.

Im »Praktikos« beschreibt er den Umgang mit den acht Leidenschaften, die der Mönch in seiner Seele findet, sobald er sich in der Einsamkeit mit sich selbst konfrontiert sieht. Der Umgang mit den Leidenschaften ist die Voraussetzung, dass der Weg zu Gott stimmig wird. Evagrius sagt: »Willst du Gott erkennen, lerne vorher dich selbst kennen.« Ohne Selbsterkenntnis wird die Gotteserkenntnis nur zur Projektion unserer eigenen verdrängten Bedürfnisse auf Gott. Aber wir werden nicht dem wahren Gott begegnen. Evagrius beschreibt das Auftreten und die Wirkung der einzelnen Leidenschaften auf den Menschen. Er soll sie kennen lernen und sich mit ihnen vertraut machen. Dann kann er die Kraft, die in den Leidenschaften steckt, für sich und seinen geistlichen Weg benutzen. Es geht nicht darum, die Leidenschaften abzuschneiden, sondern sie zu integrieren in den spirituellen Weg. Evagrius beschreibt beinahe wie ein moderner Psychologe, wie der Mönch mit den Leidenschaften umgehen soll, die er auch Dämonen nennt, die von außen dem Mönch entgegentreten und mit denen er kämpfen soll: »Sollte ein Mensch aus eigener Erfahrung die schlimmen Dämonen kennen lernen und sich mit ihrer Kunst vertraut machen wollen, rate ich ihm, gut seine Gedanken zu beobachten. Achten sollte er auf ihre Intensität, auch darauf, wann sie nachlassen, wann sie entste-

hen und wieder vergehen. Er sollte die Vielfalt seiner Gedanken beobachten, die Regelmäßigkeit, mit der sie immer wieder auftauchen, die Dämonen, die dafür verantwortlich sind, welcher die jeweils vorausgegangenen ablöst und welcher nicht. Dann sollte er Christus bitten, ihm all das zu erklären, was er beobachtet hat.« (Praktikos 50) Es geht also darum, das Wirken der Dämonen bzw. der Leidenschaften genau zu beobachten und ohne zu bewerten ihre Wirkungsweise zu verstehen. Und der Mönch soll mit Christus über seine Leidenschaften sprechen. Das Gebet soll also zuerst einmal über mich und meine innere Situation gehen. Ich spreche mit Christus über meine Leidenschaften und verstehe auf diese Weise das Geheimnis meiner Seele. Die Begegnung mit Christus führt zur klaren Selbsterkenntnis und zum Verständnis meiner selbst. Im Gespräch mit Jesus Christus erkenne ich die Schliche der Dämonen, werden mir meine Lebensmuster klar.

Das Ziel des Umgangs mit den Leidenschaften ist die so genannte »apatheia«. Das meint keine Leidenschaftslosigkeit im Sinn der stoischen Philosophie, sondern ein Freisein vom pathologischen Verhaftetsein an die Leidenschaften. Evagrius kann diesen Zustand auch Gesundheit der Seele nennen. Die Seele wird nicht mehr von den Leidenschaften bestimmt, sondern sie integriert sie, so dass sie die Kraft der Leidenschaften weiterhin besitzt, ohne von ihnen beherrscht zu werden. Und Evagrius nennt die Apatheia auch Liebe. Sie ist die reine und klare Liebe, die nicht vermischt ist mit Besitzansprüchen und anderen Emotionen und Nebenabsichten. Evagrius beschreibt verschiedene Merkmale der Apatheia: »Wenn der Geist des Menschen sein eigenes Licht zu sehen beginnt, wenn er sich auch durch Traumgesichte nicht beunruhigen lässt, und wenn er selbst angesichts der Ereignisse des Lebens gelassen bleibt, dann hat ein solcher Mensch mit Sicherheit Apatheia erlangt.« (Praktikos 64) Ein anderes Merkmal: »Liebe ist die Frucht der Apatheia. Apatheia ist eine Blüte der Askese.« (Praktikos 81)

Die Apatheia ist letztlich die Bedingung, im Gebet mit Gott eins zu werden. Die Kontemplation ist daher das Ziel des geistlichen Weges. Solange der Mensch jedoch innerlich nicht klar geworden ist und den Zustand der Apatheia noch nicht erlangt hat, wird sein Gebet immer getrübt sein durch Emotionen, durch Gedanken, die er sich über Gott macht, oder durch Bilder von Gott, die ihn faszinieren. Wer jedoch bei den Gedanken über Gott oder den Bildern von Gott stehen bleibt, der nimmt den Rauch statt des Feuers. Das Ziel des Gebetes aber ist, mit Gott, dem Feuer, eins zu werden und selbst zum Feuer zu werden. Evagrius schildert Mönche, die beim Beten voller Licht sind und deren Finger zu Feuerflammen werden, wenn sie sie zum Gebet erheben. Kontemplation als Einswerden mit Gott ist das Höchste, was ein Mensch erreichen kann. Und es ist das größte Geschenk, das Gott dem Menschen verleiht. Alle Schriften des Evagrius sind erfüllt von der Sehnsucht nach dem Gebet, das durch keine Gedanken zerstreut wird: »Gibt es denn etwas, das besser ist als ein inniger Umgang mit Gott, und höher, als ganz in seiner Gegenwart zu leben? Ein Gebet, das durch nichts mehr abgelenkt wird, ist das Höchste, das der Mensch zu Wege bringt.« (Gebet 34) »Gebet ist das Tun, das der Würde des Geistes entspricht; oder besser noch, es ist seinem edleren und eigentlichen Wirken entsprechend.« (Gebet 84)

Evagrius beschreibt auch das Phänomen der geistlichen Vaterschaft, das im Mönchtum eine neue Bedeutung bekam gegenüber der Seelsorge, wie sie schon die stoischen Philosophen in der Antike ausgeübt hatten. Der wahre Mönch wird für andere zum geistlichen Vater. Aber dazu braucht er zwei Voraussetzungen: Er muss die Kardiognosie haben. Er muss das menschliche Herz erforscht haben. Das verlangt den ehrlichen Umgang mit den Leidenschaften. Wenn ein Mönch ehrlich mit sich umgegangen ist, dann wird ihm Gott die Gabe der Herzenskenntnis schenken. Dazu gehört aber auch eine feine Beobachtungsgabe. Der geistliche Vater erkennt an der Körperhaltung, an den Gesichtszügen, an der Stimme und an der Art und Weise, wie jemand über sich und seine Probleme spricht, die inneren Regungen des Herzens. Durch den Leib hindurch sieht er auf den Grund seines Herzens. Zu dieser Herzenskenntnis muss noch die Gabe der Unterscheidung der Geister kommen, die »diakrisis«. Er muss unterscheiden lernen, ob die Gedanken von Gott kommen oder von den Dämonen. Gedanken, die von Gott kommen, bewirken Frieden, Freiheit, Lebendigkeit und Liebe. Gedanken, die die Dämonen eingeben – wir würden heute sagen: die aus dem Über-Ich kommen –, erzeugen im Menschen Angst und Enge. Und es gibt Gedanken, die aus mir selbst kommen. Sie zerstreuen und führen in die

Oberflächlichkeit. Der geistliche Vater braucht ein gutes Gespür, um die Gedanken, die ihm ein Mönch offenbart, zu unterscheiden. Nicht alles, was fromm klingt, stammt von Gott. Die Mönche wissen: »Alles Übermaß kommt von den Dämonen.« Wenn einer also nur fromm sein will, kann das dem spirituellen Ehrgeiz entspringen und nicht der Liebe zu Gott.

Das Vorbild des geistlichen Vaters ist Mose. Wie Mose soll der geistliche Vater die Menschen aus Ägypten durch die Wüste ins Gelobte Land führen. Das ist für Evagrius ein Bild für den inneren Weg des Mönches. Der Weg führt aus der Gefangenschaft (Ägypten), aus der inneren Abhängigkeit von Fronvögten, die uns zu Höchstleistungen antreiben, und von krankmachenden Lebensmustern in die Freiheit. Doch vor dem Land der Freiheit, vor dem Gelobten Land steht der Durchzug durch die Wüste. In der Wüste wurde das Volk immer wieder versucht. Es rebellierte gegen Gott. Es sehnte sich zurück nach den Fleischtöpfen Ägyptens. Die Mönche machen eine ähnliche Erfahrung. Die Wüste ist bei Evagrius ein Bild für den Umgang mit den Leidenschaften. Denn in der Wüste wird der Mönch konfrontiert mit der eigenen Seele, mit den Bedürfnissen und Leidenschaften, mit den Gedanken und Emotionen. Das Ziel ist das Gelobte Land, das Land, in dem wir ganz wir selbst sein dürfen und in dem wir mit Gott leben und in Gott sind. Doch Evagrius unterscheidet drei Stadien des Gelobten Landes. Zuerst führt der geistliche Vater den Mönch in das Land Juda. Das steht für die Kontemplation der Welt. Diese besteht darin, in den Dingen der Welt Gottes Gegenwart zu entdecken, die Wahrheit alles Seienden zu schauen, auf den Grund der Dinge zu blicken und darin Gott zu erfahren. Dann geht es nach Jerusalem, das für die Kontemplation der Körperlosen steht. Das meint die Schau des inneren Lichtes im Menschen. Auf dieser Stufe der Kontemplation wird der Mönch eins mit Gott. Er wird über sich selbst hinausgehoben und erfährt in der Meditation die Einheit mit dem ganz anderen Gott. Die letzte Stufe ist der Zion. Er steht für das Einswerden mit dem dreifaltigen Gott. Der dreifaltige Gott ist für die frühe Kirche der Gott, der sich als Vater, Sohn und Heiliger Geist geoffenbart und für den Menschen geöffnet hat. Es ist der offene Gott, der uns in die Gemeinschaft seiner Liebe hineinnimmt. Hier wird deutlich, dass Einswerden nicht ein Verschmelzen mit Gott bedeutet, sondern ein Einswerden zwischen Personen. Der Mensch bleibt im Einswerden mit Gott ganz er selbst. Aber er wird ganz und gar erfüllt von Gottes Liebe. Und er erfährt Gott als den Vater, der ihn trägt, als den Sohn, der mit ihm seinen Weg geht, und als den Heiligen Geist, der in ihm ist als die Quelle unerschöpflicher Liebe.

Evagrius hat die Spiritualität der frühen Wüstenväter am klarsten beschrieben. Er hatte damit auch großen Einfluss auf die Mönche aller Jahrhunderte. Diese haben immer wieder aus seinen Schriften geschöpft. Auch heute erscheint uns Evagrius noch lesenswert. Gerade Psychologen erkennen in ihm einen Mann, der die menschliche Seele erforscht hat und die Wahrheit des Menschen vor Gott bringt. Spiritualität heißt für ihn Verwandlung des ganzen Menschen. Das Licht Gottes soll in die dunklen Abgründe der Seele dringen und dort alle krankmachenden Bilder durch das heilende Bild Gottes verwandeln. Die Reinigung der Seele geschieht durch die Askese und vollendet sich in der Kontemplation. Erst wenn in der Kontemplation Gott selbst sich in die menschliche Seele einbildet, wird diese ganz rein von allen dunklen und krankmachenden Bildern. Dann erstrahlt sie selbst im Licht. So wird die Kontemplation nicht nur zur Schau Gottes, sondern auch zum Sehen des eigenen Lichtes, das in der Seele wie ein Saphir aufleuchtet. Der Saphir ist ein Bild für das wahre Selbst. Die Kontemplation führt letztlich nicht nur zu Gott, sondern auch zum wahren Selbst, zum innersten Wesen, das im ursprünglichen Glanz aufleuchtet, den Gott ihm in der Schöpfung verliehen hat.

Johannes Cassian

Johannes Cassian hat die Lehren des Evagrius Ponticus und der Wüstenväter im Westen verbreitet. Er war nach 380 für 10 Jahre in der ägyptischen Wüste und hat dort die Wüstenväter besucht und sich mit ihnen über den geistlichen Weg unterhalten. Seine Erkenntnisse hat er in zwei großen Werken festgehalten: die »Instituta« und die »Collationes«. Im ersten Buch beschreibt er die Einrichtungen der Mönche und die Heilmittel für die acht Laster. Darin folgt er Evagrius Ponticus. Im zweiten Buch hat er 24 Unterredungen mit den ägyptischen Wüstenvätern überliefert und behandelt darin jeweils wichtige spirituelle Themen. Er hat diese beiden Bücher vermutlich um das Jahr 420 geschrieben und damit großen Einfluss auf die aufstrebenden Mönchsklöster im Süden Frankreichs ausgeübt. Dort hat Cassian selbst ein Männer- und ein Frauenkloster gegründet, in denen die Gedanken und Wege der ägyptischen Wüstenväter befolgt wurden. Im Mittelalter waren die Bücher Cassians neben der Heiligen Schrift die Schriften, die in den Klöstern am meisten gelesen wurden.

Cassian übersetzt die »apatheia« des Evagrius mit »puritas cordis«, Reinheit des Herzens. Das Ziel des asketischen Weges ist also die vollkommene und lautere Liebe. Die Reinheit des Herzens ist die Bedingung, dass der Mönch sein Hauptziel erreichen kann: das Reich Gottes. Das Ziel des spirituellen Weges ist also, dass Gott im Herzen des Mönches herrscht, dass Gott all seine Gedanken und Gefühle und sein Handeln prägt. Damit Gott den Menschen ganz und gar zu durchdringen vermag, muss der Mönch im Umgang mit den Leidenschaften sein Herz reinigen. In der ersten Unterredung schreibt Cassian: »Alles müssen wir wegen der Reinheit tun und anstreben. Für diese müssen wir die Einsamkeit suchen, für sie müssen wir die Fasten, die Nachtwachen, die Arbeiten, Blöße des Körpers, die Lesungen und übrigen Tugendübungen auf uns nehmen, damit wir nämlich durch dieselben unser Herz von allen gefährlichen Leidenschaften frei machen und bewahren können und auf diesen Stufen zu der Vollkommenheit der Liebe aufstreben und aufsteigen.«

Wenn Gott im Herzen des Mönches herrscht, dann kann uns kein Mensch verletzen. Cassian spricht von der inneren Ruhe, die der Mönch anstreben soll. Denn das Reich Gottes ist in uns. In uns sind aber auch die Feinde der Seele: »Niemand widersteht mir mehr als mein Sinn, der mir wahrhaft der inners-

te Hausgenosse ist. Und wenn wir also sorgsam sind, so werden wir von den innerlichen Feinden durchaus nicht verletzt werden können. Denn insoweit uns unsere Hausgenossen nicht widerstehen, wird das Reich Gottes in Ruhe des Geistes erlangt. Wenn du nämlich die Sache genau ansiehst, so kann ich von einem wenn auch bösen Menschen nicht verletzt werden, wenn ich nicht selbst mit unfriedlichem Herzen gegen mich kämpfe.« Es geht also darum, mit den Leidenschaften und Emotionen, mit den Bedürfnissen und Gedanken friedlich zusammenzuwohnen. Diese sind meine Hausgenossen. Ich kann sie nicht aus mir herauswerfen. Aber wenn ich im Frieden mit ihnen lebe, dann können sie mich nicht verletzen und auch kein Mensch von außen. Denn ein anderer kann mich nur verletzen, wenn in mir friedlose Hausgenossen wohnen. Cassian ist es ein wichtiges Anliegen, den Mönch zur inneren Ruhe zu führen. Dabei hängt die Ruhe nicht allein von der äußeren Stille ab, die die ägyptischen Mönche in der Wüste fanden. Die wahre Ruhe findet der Mönch, wenn er mit sich im Frieden lebt, wenn Gott in ihm herrscht und nicht die Leidenschaften. Der Weg zur Ruhe ist also ein asketischer Weg, der zugleich in die innere Freiheit führt. Denn wenn ich in Gott zur Ruhe gekommen bin, bin ich frei von aller Angst vor Verletzung. Cassian übernimmt hier die stoische These, dass niemand uns verletzen kann außer wir selbst. Wenn wir im Frieden sind mit uns und wenn Gott in uns herrscht, dann kann uns niemand verletzen, dann sind wir frei von der Macht der Menschen.

Poimen

Einer der wichtigsten Mönchsväter war Poimen. Sein Name ist schon bezeichnend: Er war Hirte für viele andere Mönche und für die vielen Ratsuchenden. Von keinem anderen Mönchsvater werden so viele Vätersprüche überliefert wie von Poimen. Ich möchte nur einige anführen, um seinen Geist zu beschreiben. »Man erzählte sich von Abbas Poimen: Wenn er in die gottesdienstliche Versammlung gehen wollte, dann setzte er sich zuerst für sich allein und untersuchte seine Gedanken, etwa eine Stunde. Und so ging er dann weg.« Poimen wollte also zuerst mit sich im Frieden sein, bevor er unter die Menschen geht. Sein Umgang mit den Menschen war von großer Klarheit geprägt, aber zugleich von Barmherzigkeit und Milde. Den anderen nicht zu verurteilen, war ihm höchstes Gebot.

Die Weisungen, die Poimen gibt, sind klar und einfach: »Der Sieg über jede Plage, die über dich kommt, ist das Schweigen.« (Apophtegmata patrum 611) Poimen gibt kurze Ratschläge. Aber er erwartet, dass man die Übung, die er vorschlägt, auch wirklich praktiziert. Dann wird sich das Leben wandeln. So rät er einem: »Wenn du dich selber für gering hältst, hast du Ruhe, an welchem Ort du dich auch niederlassen magst.« (Apo 655) Einem andern sagt er: »Lehre deinen Mund sprechen, was in deinem Herzen ist.« (Apo 738) Und als er von einem Bruder gefragt wurde, was er tun solle, wenn er depressive Gefühle in sich spüre, antwortete er ihm: »Schaue niemand für nichts an, verurteile niemand, verleumde niemand, und der Herr wird dir Ruhe geben.« (Apo 1168) Poimen macht ernst mit der Forderung Jesu, niemanden zu richten. Der Verzicht auf Verurteilen und Richten ist für ihn ein Weg zur inneren Ruhe. Zugleich ist er aber auch Ausdruck seiner Barmherzigkeit und Milde, die in den Worten des Poimen immer wieder aufscheinen. Für Poimen ist das ein wichtiges Kriterium. Denn er hat immer erneut auch erlebt, dass Mönche durch eine übertriebene Askese hart geworden sind. Das, was sie in sich unterdrückt haben, hat sich dann in einem harten Urteilen über andere Luft gemacht. Es geht jedoch nicht um Unterdrücken, sondern um Überwinden und Integrieren. Evagrius hat diese Haltung »Sanftmut« genannt. Sanft kommt von sammeln. Sanft ist der, der Mut hat, alles, was in ihm ist, zu sammeln, nichts zu unterdrücken, nichts abzuschneiden, sondern zuzulassen und zu integrieren.

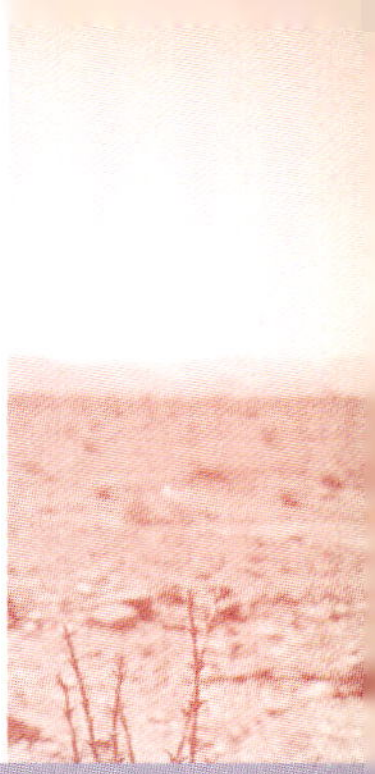

Dorotheus van Gaza

Dorotheus studierte zu Beginn des 6. Jahrhunderts Medizin und trat dann in ein Kloster in Gaza ein. Kurz nach 540 gründete er ein eigenes Kloster und hielt dort seine Lehrvorträge. Auch er steht Evagrius Ponticus sehr nahe. In seinen Lehrvorträgen blitzt immer wieder sein Humor durch. Da spricht er von Mönchen, die Gott die Schuld geben, dass sie so sind, wie sie sind. Sie machen es wie Adam, der auf seine Frau zeigte. Gott selbst sei schuld. Er habe ihm ja die Frau gegeben. So tun es Mönche, die nicht bereit sind, den Finger auf die eigene Wunde zu legen und die Wunde von Gott heilen zu lassen. In allen Schriften wird dieser therapeutische Aspekt der Spiritualität bei Dorotheus betont. Gott möchte die Wunden heilen. Aber dazu müssen wir die Wunden auch anschauen und sie Gott hinhalten.

Dorotheus hat seine Mönche sehr gut beobachtet. Da erzählt er von einem, der ruhig und friedlich auf seiner Zelle sitzt. »Da kommt ein Mitbruder und es fällt ein kränkendes Wort. Du regst dich auf und bist der festen Überzeugung: Wäre er nicht gekommen, hätte er mich nicht geärgert, dann wäre mir dieser Fehler erspart geblieben. – Selbsttäuschung! Er hat nur an deine schwache Stelle gerührt und dir gezeigt, wo du einsetzen musst, wenn es dir ernst mit der Tugend ist. Ich muss da an den Mistpilz denken. Außen rein und farbenschön birgt er unter der sauberen Hülle doch nur Unrat. Brich ihn entzwei, dann siehst du es. In gleicher Weise hast auch du vermeint, friedlich auf deiner Zelle zu sitzen. Aber du hattest, dir selber unbewusst, die Leidenschaft in deinem Innern. Dein Mitbruder sprach das Wort und zeigte dir ihr Versteck. Sofern es dir nun um das göttliche Erbarmen ernst ist, bessere dich, läutere dich, schreite voran, und du wirst zur Einsicht kommen, dass du dem Mitbruder von Herzen dankbar sein musst, weil er dir zu dieser heilsamen Erfahrung verholfen hat.«

Menschen, die sich überall in den Mittelpunkt stellen müssen, vergleicht Dorotheus mit einem nackten Bettler, der nach jedem Fetzen Ausschau hält, um seine Blöße zu bedecken: »Kein Wunder, dass Tugendarme auf Menschenehre erpicht sind.« Weil sich ein Mensch nackt fühlt, braucht er jedes Lob, um damit seine Nacktheit zu bedecken. Im Kloster beobachtet Dorotheus, wie die Mönche gerne über die andern sprechen. Für ihn ist es Mangel an Ehrfurcht und immer Zeichen für mangelnde Spiritualität: »Ohne Ehrfurcht

hat man selbst vor Gott keine Scheu und kümmert sich um kein Gebot mehr. Das lieblose Reden, die Unverträglichkeit kommen von nichts anderem, als weil es an gegenseitiger Ehrerbietung fehlt. Bemerkt einer eine Ungehörigkeit, dann geht er auch schon, es an die große Glocke zu hängen. Nicht zufrieden mit der eigenen Erbärmlichkeit, muss er das Gift auch noch in das Gemüt seines Mitbruders träufeln, der vielleicht gerade in fromme Beschauung vertieft oder mit einem gottgefälligen Werke beschäftigt ist.« Und Dorotheus kennt genügend Mitbrüder, die für alles eine Entschuldigung oder eine Begründung suchen. Wenn sie krank sind, dann deshalb, weil sie mit den Gästen essen mussten: »Da ich mit den Gästen aß und mir Gewalt antun musste, damit sie zufrieden wären, bekam ich Magenbeschwerden.« Dorotheus durchschaut die Schliche, mit denen wir unserer eigenen Wahrheit aus dem Weg gehen möchten. Statt die Schuld auf andere zu schieben, die schwierig sind und uns das Leben schwer machen, sollen wir für sie danken. Denn gerade sie sind unser Arzt, der uns die eigenen Wunden offenlegt. Und nur wenn wir unsere Wunden erkennen und sie Gott hinhalten, kann Gottes Liebe sie heilen.

Dorotheus hat die Erfahrungen der Wüstenväter für die Mönche fruchtbar gemacht, die in einem Kloster wohnen. Die ersten Mönche waren Einsiedler. Aber schon unter Pachomius entstanden große Klöster in der Wüste, die heute noch in der ägyptischen Wüste fortbestehen. Sie haben die Wüste urbar gemacht und ein blühendes Leben dort ermöglicht. Dorotheus hat die therapeutische Dimension der Spiritualität, wie sie die Wüstenväter lebten, als erfahrener Mediziner eindrucksvoll beschrieben. Damit ist er auch für uns in der Gegenwart noch von großer Bedeutung. Denn wir haben heute einen neuen Blick dafür gewonnen, dass eine gesunde Spiritualität uns an Leib und Seele zu heilen vermag.

Johannes Klimakos

Einen großen Einfluss auf nachfolgende Mönchsgenerationen hatte Johannes Klimakos. Er hat von etwa 575 bis 650 gelebt. Er war 40 Jahre lang Eremit auf dem Sinai und dann Abt des Sinai-Klosters. Bekannt wurde er durch sein Werk »Die Paradieses-Leiter«. In 30 Stufen beschreibt er den geistlichen Aufstieg des Mönches zu Gott. Dabei beschreibt er als Erster die Atemtechnik, die der Mönch beim Jesusgebet oder Herzensgebet anwenden soll. Das Jesusgebet wurde in der Ostkirche zum wichtigsten Weg der Meditation. Indem der Mönch mit dem Atemzug die Worte verbindet »Herr Jesus Christus, Sohn Gottes, erbarme dich meiner«, wird sein Geist ruhig und immer mehr vom Geist Jesu erfüllt und verwandelt. Der Mönch bindet seinen Geist an Jesus Christus. Die Methode des Jesusgebetes ist ein guter Weg, die inneren Turbulenzen der Seele zu beruhigen. Statt sich in den Ärger hineinzusteigern, spricht der Mönch in den Ärger hinein das Jesusgebet. Auf diese Weise verwandelt sich sein Zorn und er wird mehr und mehr von der Barmherzigkeit Jesu erfüllt. Das Jesusgebet ist auch der Weg, den inneren Raum der Stille in sich zu entdecken und sich vorzustellen: Dort, wo Christus in mir ist, haben die Gedanken und Gefühle keinen Platz. Dort kann mich auch niemand verletzen. Und die Menschen mit ihren Meinungen und Urteilen haben dort keinen Zutritt.

In seinem Buch über die Paradiesesleiter ist Johannes Klimakos den Lehren des Evagrius Ponticus verpflichtet. Er zeigt darin, dass er die Menschen sehr gut beobachtet und seine eigene Seele gut kennt. Dabei ist ihm wichtig, dass das geistliche Leben den ganzen Menschen prägt, auch seine Körperhaltung, sein Reden und Tun. »Das Klosterleben muss uns in Fleisch und Blut übergegangen sein und sich äußern in allen unsern Werken, Worten, Gedanken, Bewegungen und sonstigen, sonst ist es kein Klosterleben.« Und er beobachtet die Menschen, die zu langsam sind oder übereilt. Beides ist für ihn Ausdruck einer kranken Seele: »Ich sah bisweilen solche Seelen, die an der Langsamkeit oder Übereiltheit ihres Handelns zu Grunde gingen, und erstaunte, wie verschieden das Böse auftritt.«

Schluss

Die wenigen Beispiele zeigen, wie viel Menschenkenntnis in den Schriften der Mönchsväter steckt. Sie haben sich selbst und ihre Mitbrüder genau beobachtet und Wege entwickelt, wie sie mit den eigenen Lebensmustern umgehen können. Dabei haben sie nichts verdrängt, sondern alles, was sie in ihrer Seele fanden, in das Licht Gottes gehalten. Die frühen Mönche waren die Therapeuten ihrer Zeit. Unzählige Menschen sind damals in die Wüste gezogen, um bei den Mönchen Rat zu suchen. Sie kamen mit ihren Anliegen. Und die Mönche haben oft in sehr kurzen und prägnanten Worten einen Weg gewiesen, wie sie weitergehen können. Dabei haben sie ihnen die Probleme nicht abgenommen, sondern ihnen eine Übung mit auf den Weg gegeben. Wenn sie diese Übung praktizieren, dann wird sich ihr Leben wandeln. Sie werden mit anderen Augen auf ihre Situation schauen und sie werden sich für Gott öffnen und im Licht Gottes erkennen, worum es eigentlich im Leben geht. Das wird manche Probleme relativieren.

Es ging somit den Wüstenvätern darum, einen Weg zum gelingenden Leben aufzuzeigen. Sie vermochten das, weil sie selbst diesen Weg gegangen sind. Auf ihrem Weg haben sie die eigene Seele erforscht. Sie waren vertraut mit ihren Leidenschaften, mit allen Regungen ihrer Seele. Auf solche Weise verstanden sie auch die Ratsuchenden und eröffneten ihnen durch ein kurzes Wort den Weg zum Leben. Sie sprachen sehr nüchtern über den spirituellen Weg. Sie fingen immer mit den Leidenschaften und mit den Emotionen an. Das war der Ausgangspunkt, von dem der Weg zu Gott führte. Das Ziel des Weges aber war Gott, der uns den Sieg verleiht, der unser Leben gelingen lässt. Das Vertrauen auf Gottes Beistand, auf die Weisheit Jesu und auf die Kraft des Heiligen Geistes war der Grund, auf dem sie ihr Leben bauten. Und aus diesem Vertrauen heraus wagten sie sich auch in die dunklen Bereiche ihrer Seele hinein, um auch sie vom Licht Christi erleuchten zu lassen. Und so konnten sie auch den vielen Menschen helfen, die zu ihnen kamen, um in ihrer Orientierungslosigkeit einen gangbaren Weg zu finden. Sie führten diese Menschen behutsam zu Gott, in einer Sprache, die ihre Herzen berührte und sie für die barmherzige Liebe Gottes öffnete.

Die Wüstenväter waren von einer großen Sehnsucht nach Gott durchdrungen. Sie nahmen die Mahnung des Apostels Paulus aus dem 1. Thessalonicherbrief

ernst: »Betet allezeit« (1 Thess 5,17). Und sie versuchten, das Wort Jesu zu befolgen: »Wachet und betet!« (Matthäus 26,41) Das Ziel der Mönche war, immerzu zu beten. Sie erstrebten dieses Ziel nicht, um ein Gebot zu erfüllen, sondern weil sie um den Wert des Gebetes wussten und weil sie von einer unendlichen Sehnsucht nach Gott und der Erfahrung des göttlichen Lichtes erfüllt waren. Sie konnten mit Evagrius sprechen: »Erst das Gebet macht dich zum vollen Menschen, und erst durch das Gebet entdeckst du deine volle Würde. Ganz besonders aber wird das Gebet deine Liebe zu Gott vertiefen. Sie wird immer stärker werden bis zu dem Tag, an dem du schauen wirst, was du im Gebet ersehnt hast.«

Von der Achtsamkeit und der Notwendigkeit, bei sich selbst zu bleiben

Ein Rat, den die Mönche den Ratsuchenden immer wieder geben, lautet: »Bleib bei dir selbst. Schaue nicht auf die andern. Vergleiche dich nicht mit andern. Schaue vielmehr in deine eigene Seele hinein. Was kommen da für Gedanken und Gefühle hoch? Halte sie in das Licht Gottes hinein. Du sollst weder die andern verurteilen noch dich selbst. Doch entscheidend ist, dass du dich mit allem, was in dir ist, anschaust, dass du wahrnimmst, was in dir ist, und es Gott hinhältst.« Dieser Weg geht nicht ohne Trauer. Trauerarbeit war für die Mönche eine wichtige spirituelle Übung. Heute wissen wir, dass die Trauerarbeit für die psychologische Reifung eines Menschen wichtig ist. Wer das, was seinem eigenen Selbstbild widerspricht, nicht betrauert, der kommt nicht in Berührung mit dem Potential seiner eigenen Seele. Er wird irgendwelche Kompensationsmechanismen entwickeln, die ihn von seiner eigenen Wahrheit, von den Menschen und von Gott wegführen. Er wird vielleicht sogar einen spirituellen Weg beschreiten, der ihn aber nicht zu Gott und in die Wahrheit führt, sondern der zu einem Fluchtweg wird. Er wird seine Spiritualität benützen, um sich über andere zu stellen. Statt die Trauerarbeit zu leisten, wird er sich von andern bewundern lassen. Das führt aber nicht zu Gott. Die Mönche unterscheiden Trauer (penthos) von Traurigkeit und Selbstmitleid (lype). Im Selbstmitleid kreise ich nur um mich und um meine Größenphantasien. Ich bedaure mich selbst, weil ich nicht so grandios bin, wie ich gerne sein möchte. Das aber führt nicht weiter. In der Trauer stelle ich mich meinen Defiziten. Dadurch komme ich in Berührung mit der Kraft und Sehnsucht, die in mir liegen. Evagrius beschreibt den Unterschied zwischen Trauer und Selbstmitleid sehr treffend: Die Trauer bricht in Tränen aus, die den Menschen reinigen und befruchten. Die Traurigkeit, das Selbstmitleid, ist nur weinerlich.

Ein Weg, den die Mönche beschreiten, um bei sich zu bleiben, ist: in der eigenen Zelle bleiben. Die Mönche hatten ein Kellion. Das war ihre Behausung. Für manche war es ein einziger Raum. Immer wieder berichten die Vätersprüche von jungen Mönchen, die zum Altvater kommen und darüber klagen, dass sie es in der Wüste nicht aushalten. Es wäre doch viel nützlicher, sich den Armen und Kranken zu widmen. Da würden sie das Gebot Jesu erfüllen, den Nächsten zu lieben. Doch in der Wüste herumzusitzen, das würde nichts bringen, das wäre Zeitvergeudung. Natürlich wissen die Altväter, dass es sinnvoll ist, sich der Pflege der Kranken zu widmen. Und dass Jesus uns zur Nächstenliebe anspornen möchte. Doch zugleich spüren

sie, dass das manchmal auch eine Falle sein kann. Wenn einer sich selbst noch nicht kennen gelernt hat, oder wenn einer vor sich selber fliehen möchte, dann ist die Hilfe für andere eine Versuchung, die Trauerarbeit zu überspringen und der eigenen Selbsterkenntnis aus dem Weg zu gehen. Dann raten die Mönche: Bleib einfach in deinem Kellion sitzen. Du brauchst gar nichts zu machen. Du brauchst weder zu beten noch zu fasten noch zu arbeiten. Doch wirf deinen Körper nicht aus deinem Kellion heraus. Halte es bei dir aus. Die Väter wussten, dass das eine heilsame Übung ist. Sie bringt uns in Berührung mit der eigenen Wahrheit. Und die ist die Voraussetzung für echte Gottesbegegnung.

Der hl. Benedikt hat diese Übung, im Kellion zu bleiben, es bei sich auszuhalten, übernommen, wenn er seine Mönche zur »stabilitas«, zum Bleiben in der Gemeinschaft und im Kloster, auffordert. Auch im Kloster gibt es die Gefahr, dass man nur nach außen geht, weil man da mehr tun kann als in der Enge eines Klosters. Das kann durchaus sinnvoll sein. Aber zuerst muss der Mönch einmal die Stabilität in der Gemeinschaft einüben. Da macht er ähnliche Erfahrungen wie die Wüstenväter. Da wird er mit sich konfrontiert. Die Gemeinschaft kann ihn zwar auch manchmal zerstreuen und von sich selbst abbringen. Aber sie kann auch ein gutes Feld der Selbsterkenntnis sein. Gerade im Umgang mit den Mitbrüdern lerne ich mich selber mit allen Höhen und Tiefen kennen. Da kann ich mir selbst nicht ausweichen. Die Mitbrüder sind ein Spiegel, in dem ich mich selbst schauen kann. Auch für das Leben in der Gemeinschaft gibt es Fallen. Ich kann mich auf die Fehler der anderen verlegen. Ich kreise dann nur um die Mitbrüder, die nicht nach der Regel leben, die Probleme haben. Ich lenke von mir ab und will die anderen bekehren. Benedikt mahnt die Mönche, auch in der Gemeinschaft bei sich zu bleiben und die anderen als Spiegel zu sehen, in denen sie sich selber besser erkennen können.

Die Achtsamkeit ist für alle Religionen ein wichtiger geistlicher Weg. Achtsam seinen Weg gehen, das heißt, ganz in dem sein, was ich gerade tue, ganz im Augenblick sein. Ich achte auf die Regungen meiner Seele bei allem, was ich tue. Das bedeutet nicht, dass ich mich ständig beobachte

und beurteile. Vielmehr nehme ich wahr, was ich tue. Ich bin bewusst bei dem, was ich tue. Ich bin in meinem Leib, in meinem Gehen, in meinem Sitzen, in meinem Stehen. In dieser Achtsamkeit bin ich offen für Gott. Ich achte nicht nur auf den Augenblick, sondern auf den gegenwärtigen Gott. Das Bewusstsein, in Gottes Gegenwart zu leben, vor seinen Augen meinen Weg zu gehen, wird mich dazu führen, meine Schritte achtsamer zu setzen und wacher zu sein.

Beim hl. Benedikt heißt Achtsamkeit: auf seine Gedanken und auf die Regungen der Seele achten. Benedikt spricht von »custodire = bewachen«. Der Mönch soll seine Zunge bewachen, damit sie nicht einfach daher redet und alle möglichen negativen Gedanken ausposaunt. Der Mönch soll seine Gedanken und Gefühle bewachen. Nicht alle sollen nach außen treten. Wenn er sie bewacht, kann er sie besser beurteilen und entscheiden, was ihm heilsam ist und was nicht, was er zum Ausdruck bringen und was er lieber in seinem Innern verschließen sollte. Achtsamkeit hat also mit bewachen und mit Wachsamkeit zu tun. Der Achtsame hat die Augen geöffnet. Er geht wach durch die Welt. Er ist frei von den vielen Illusionen, die wir uns häufig machen. Schon die Gnostiker im ersten Jahrhundert haben den Zustand des Menschen als Schlafen beschrieben. Viele Menschen leben als Schlafwandler. Sie haben die Augen verschlossen vor der eigentlichen Wirklichkeit. Sie haben sich Illusionen über ihr Leben gemacht. Geistliches Leben heißt: die Augen öffnen, die Dinge so sehen, wie sie sind. Die Wüste lädt uns ein, die Augen zu öffnen und der Wahrheit ins Auge zu sehen. Wer durch die Wüste wandert, kennt die Gefahr der Fata morgana, der Täuschung durch irgendwelche Luftspiegelungen. Manche erliegen der Fata morgana und gehen jämmerlich zugrunde. Daher ist es überlebensnotwendig, in der Wüste die Augen zu öffnen und achtsam auf die Welt zu schauen, sie so zu sehen, wie sie in Wahrheit ist. Für die Mönche heißt es: sich selbst, die Regungen der Seele, die Äußerungen des Leibes und der Seele mit einem wachen Auge betrachten und sie in Gottes Licht hineinhalten, damit Gottes Licht uns in die innerste Wahrheit einführt.

Blinde Herzen

Ein Bruder sagte zu einem Altvater: »Meine Gedanken sagen mir, ich bin ein guter Mensch.« Der Altvater antwortete: »Wenn du deine eigenen Sünden nicht siehst, wirst du immer glauben, dass du gut bist. Wenn du sie aber siehst, dann können dich deine Gedanken unmöglich überreden, dass du gut bist. Es ist eine schwere Arbeit, sich selbst unablässig zu untersuchen. Denn die Augen unserer Herzen werden blind durch Nachlässigkeit, Trägheit und Unachtsamkeit.«

Anonym

Ganz da sein

Altvater Poimen sagte oft: »Wir brauchen nichts anderes als einen wachsamen Geist.«

Abbas Poimen

Man erzählte sich von Altvater Poimen: Bevor er sich auf den Weg zum Gottesdienst machte, setzte er sich ganz alleine hin und untersuchte seine Gedanken für etwa eine Stunde. Und dann erst ging er zur Versammlung.
Abbas Poimen

Untersuche deine Gedanken

Nicht alles auf einmal

Man erzählte vom Altvater Dioskuros, dass er Brot aus Gerste und Linsen aß.
Jedes Jahr nahm er sich eine bestimmte Sache vor und sagte zu sich:
»Dieses Jahr werde ich niemanden treffen.«
Oder:
»Ich werde nicht sprechen.«
Oder:
»Ich werde nichts Gekochtes essen.«
Oder:
»Ich werde keine Früchte oder kein Gemüse essen.«
In all seinem Tun ging er so vor. Und wenn er eine Sache geschafft hatte, fing er mit einer anderen an. Das machte er jedes Jahr so.
Abbas Dioskuros

Rückfrage

Der Abbas Poimen bat den Abbas Joseph: »Sage mir, wie ich ein echter Mönch werde!« Er gab ihm zur Antwort: »Wenn du Ruhe finden willst, hier und dort, dann frage dich bei jeder Handlung: ›Ich – wer bin ich?‹, und richte niemand!«

Abbas Poimen

Achte auf dich selbst

Als Altvater Antonios über die Tiefe der Ratschlüsse Gottes nachdachte, fragte er: »Herr, warum sterben einige jung, während andere ein sehr hohes Alter erreichen? Warum gibt es Arme und Reiche? Warum geht es den Bösen gut und den Gerechten schlecht?«

Da hörte er eine Stimme, die zu ihm sprach: »Antonios, richte dein Augenmerk auf dich selbst. Diese Dinge geschehen nach dem Willen Gottes, und es hat für dich keinen Nutzen, darüber irgendetwas zu erfahren.«

Abbas Antonios

Abbas Poimen sagte: »Den Nächsten belehren sollte nur, wer über einen gesunden Menschenverstand verfügt und seine Leidenschaften im Griff hat. Denn was für einen Sinn hätte es, das Haus eines anderen zu bauen, während das eigene in Trümmern liegt?«

Abbas Poimen

Lehrbefugnis

Urteile

Zum Abbas Theodor kam einmal ein Bruder und begann, zu reden und Urteile abzugeben über Dinge, in denen er noch nicht erfahren war. Schließlich sagte der Altvater zu ihm: »Noch ist dein Schiff nicht eingelaufen, noch hast du dein Gepäck nicht an Bord gebracht, noch bist du nicht abgesegelt – und doch bist du schon in jener Stadt angelangt. Tu zuerst dein Werk, dann komm und rede darüber in der Art, wie du das jetzt tust.«

Abbas Theodor

Wellenlänge

Abbas Poimen vertrat: »Zu wem dein Herz nicht voll und ganz hinströmt, an den hänge dich nicht mit deinem Herzen.«
Abbas Poimen

Anfang

Abbas Johannes Kolobos sagte:
»Ein Haus kann man unmöglich von oben
nach unten bauen. Es muss vom Grund aus in die Höhe.«
Da fragten ihn die Brüder:
»Was ist der Sinn dieses Wortes?«
Er erklärte ihnen:
»Der Grundstein ist der Mitmensch. Ihn muss man gewinnen.
Er muss am Anfang stehen. Darauf bauen alle anderen
Weisungen des Herrn auf.«
Abbas Johannes Kolobos

Ziel

Ein Altvater wurde gefragt, was man tun könne, um nicht Anstoß zu nehmen, wenn man sehe, dass manche anfingen, ein Ideal zu verfolgen, jedoch nach einiger Zeit davon abließen und sich wieder ihrer Umgebung anpassten.
Der gab zur Antwort, man solle Hunde auf der Hasenjagd beobachten. Nur der Hund, der den Hasen gesehen habe, verfolge ihn hartnäckig. Alle anderen Hunde liefen nur diesem Hund nach, weil sie ihn hätten laufen sehen. Das täten sie aber nur so lange, bis sie müde würden. Dann kehrten sie um, während der erste, der den Hasen tatsächlich gesehen habe, ihn weiter verfolge, bis er ihn gefasst habe. Er lasse sich von nichts in seinem Lauf abhalten, auch nicht von der Tatsache, dass alle anderen Hunde aufgegeben hätten. Weder Abgründe, Wälder oder dichtes Gestrüpp, noch kratzende Dornen und Wunden könnten diesen Hund entmutigen, bis er den Hasen fasse.

Anonym

Der Kopf will das Neue, das Herz will immer dasselbe.
Anonym

Das Herz

»Mein Sohn, arbeite täglich nur so viel, als dein Körper, wenn du liegst, Raum einnimmt, und so wird deine Arbeit allmählich voranschreiten, und du wirst dabei nicht verzagt sein.« Als der Jüngling das gehört hatte, handelte er danach, und in kurzem war der Acker gereinigt und urbar gemacht. Mach auch du, Bruder, es so, arbeite nach und nach, so wirst du den Mut nicht verlieren.
Apo 1151

Arbeit und Mut

Ein Mönch …

Ein Mönch wurde von den Brüdern vor Antonios gelobt. Da nahm er ihn vor und stellte ihn auf die Probe, ob er Beleidigungen ertragen könne. Als er feststellen musste, dass er sie nicht ertrug, sagte er zu ihm: »Du gleichst einem Dorf, das zwar vorne schön geschmückt ist, hinten jedoch von Räubern verwüstet wird.«

Anonym

Warum urteile ich …

Ein Altvater wurde einmal von einem Bruder gefragt: »Warum urteile ich eigentlich so häufig über meine Brüder?« Und er antwortete ihm: »Weil du dich noch nicht selbst kennst. Denn wer sich selbst kennt, der sieht die Fehler der Brüder nicht.«

Apo 1011

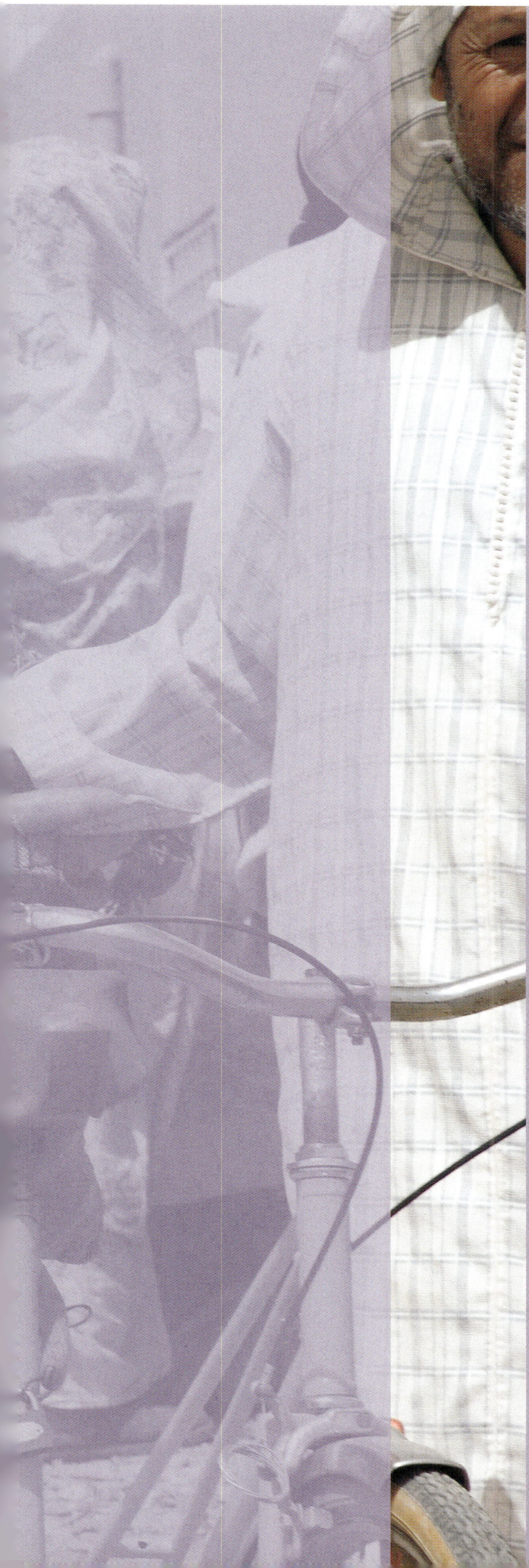

Ein Bruder …

Ein Bruder, der mit anderen Brüdern
zusammenlebte, fragte den Altvater Besarion:
»Was soll ich tun?«
Der Greis antwortete:
»Schweige und miss dich nicht mit anderen.«
Abbas Antonios

Vom Schweigen

Wer durch die Wüste wandert, der wird vom Schweigen eingehüllt. Manche werden irre an diesem Schweigen. Die Mönche haben das Schweigen, das sie von außen umgibt, als inneren Weg verstanden. Für sie war das Schweigen eine der wichtigsten spirituellen Übungen. Schweigen ist ein Heilmittel für die Seele. Dabei sind es drei Schritte, die die Mönche auf dem Weg des Schweigens gehen. Der erste Schritt ist der Weg der Selbsterkenntnis. Das Schweigen hindert mich daran, mich mit irgendwelchen Dingen abzulenken. Wenn ich nach außen hin nichts tue, dann werde ich in radikaler Weise mit mir selbst konfrontiert. Viele können das Schweigen kaum aushalten. Manche sagen: Wenn ich schweige, gerate ich in Panik. Sie haben offensichtlich Angst vor dem, was in ihrer Seele auftauchen könnte. Da könnten ja Schuldgefühle hochkommen. Da könnten sie erkennen, dass ihr Leben nicht stimmt, dass sie an ihrer Wahrheit vorbei leben. Oder Enttäuschungen und Verletzungen könnten hochkommen. Dem möchte man lieber aus dem Weg gehen.

Die erste Bedingung, dass ich das Schweigen aushalte, ist der Verzicht auf das Bewerten. Ich bewerte nicht, was in mir hochsteigt. Ich erlaube mir, dass alles sein darf, wie es ist. Ich lasse es erst einmal so. Ich nehme mich an mit allem, was in mir ist. Erst dann kann ich überlegen, wie ich damit umgehe. Ich möchte ja auch wachsen und weiterkommen auf meinem Weg. Aber ich werde nur weiterkommen, wenn ich mir eingestehe, wo ich gerade stehe und was mich bewegt. Die zweite Bedingung, mich im Schweigen auszuhalten, ist das Vertrauen, dass Gott mich so annimmt, wie ich bin. Ich fixiere mich im Schweigen nicht auf mich selbst, sondern ich halte das, was in mir ist, Gott hin, mit der Gewissheit, dass Gottes Licht alles zu verwandeln vermag.

Der zweite Schritt des Schweigens ist das Loslassen. Ich lasse die Gedanken und Gefühle los, die mich ständig beschäftigen. Dabei gibt es verschiedene Wege des Loslassens. Der erste Weg erscheint uns fremd: Da rät ein Mönch, dass wir die Gedanken und Gefühle wie in einem Einmachglas unter Verschluss halten sollen. Das Schweigen ist wie der Deckel, der das Glas schließt. Wenn der Deckel den Skorpionen und giftigen Spinnen in meinem Innern lange genug die Luft abschnürt, dann werden sie zugrunde gehen. Wir meinen, das sei Unterdrückung. Doch es ist nicht Unterdrückung, sondern der Verzicht, alles in mir zum Ausdruck zu bringen. Der Mund – so meinen die Alten – sei die Öffnung, durch die ständig Sauerstoff zu den Insekten in meinem Innern kommt und

sie am Leben hält. Das Schweigen ist ein hilfreicher Weg, manches in mir absterben zu lassen. Ein Mönchsvater hat dazu die Übung entwickelt, dass er drei Jahre einen Stein im Mund trug, um mit dem Schweigen zurechtzukommen. Mir ist das immer fremd vorgekommen. Doch als ich merkte, dass ich ständig über einen Mitbruder redete, habe ich mich an diese Übung erinnert. Ich versuchte, vier Wochen lang nicht über diesen Mitbruder zu sprechen. Und auf einmal war das Problem erledigt. Der Ärger über diesen Mitbruder war unter dem verschlossenen Deckel des Schweigens abgestorben.

Der zweite Weg des Loslassens besteht darin, die Gedanken und Gefühle, die Leidenschaften und Emotionen wahrzunehmen, aber ihnen jetzt nicht zu folgen. Ich kämpfe nicht dagegen. Ich sage: »Ja, das bist du. Aber jetzt gebe ich dir keinen Raum. Jetzt folge ich dir nicht.« Je mehr ich gegen bestimmte Emotionen kämpfe, desto stärker werden sie. Wenn ich sie einfach wahrnehme und loslasse, verlieren sie ihre Kraft. Und vor allem bin ich nicht enttäuscht, wenn die alten Gedanken immer wieder auftauchen. Sie erinnern mich daran, dass die alten Lebensmuster immer in mir bleiben werden. Aber wenn ich sie wahrnehme und mich jetzt für diesen Augenblick von ihnen distanziere, dann werden sie immer schwächer. Sie haben mich nicht mehr im Griff. Sie werden sogar zu Freunden, die mich immer wieder daran erinnern, mich auf das Eigentliche zu konzentrieren: auf Gott, der meine wahre Freiheit und Heilung ist.

Der dritte Weg, den die Mönche empfehlen, ist das Auswandern. Im Wandern kann ich mich frei gehen von allem, was mich belastet. Die Mönche raten einem, der zu unruhig ist, um im Kellion sitzen zu bleiben, er solle erst ein paar Runden um seine Bewohnung machen, dann würden sich seine Gedanken legen. Im Wandern werde ich frei von der inneren Unruhe. Es gab in der Wüste Wandermönche, die bewusst ständig gewandert sind, um frei zu werden von allen Anhänglichkeiten an die Welt, an die Leidenschaften und Begierden dieser Welt. Der hl. Benedikt hält nicht viel von diesen Wandermönchen. Er hat die Erfahrung gemacht, dass sie vor sich selbst davonlaufen. Aber für ihn ist trotzdem der Begriff des Auswanderns wichtig. »Peregrinatio est tacere«, heißt es bei den Benediktinermönchen: »Die Pilgerschaft besteht im Schweigen.« Im Schweigen wandere ich aus aus der Wohnung des Wortes. Ich

wandere aus aus den Bindungen an diese Welt. Ich wandere letztlich auf Gott zu. Was die Mönche mit diesen drei Wegen des Loslassens beschrieben haben, das benennt die transpersonale Psychologie mit »Dis-Identifikation«. Ich nehme wahr, was in mir aufsteigt, aber ich identifiziere mich nicht damit. Ich nehme den Ärger wahr. Er darf sein. Doch der Punkt in mir, der den Ärger wahrnimmt, ist vom Ärger nicht infiziert. Ich sage mir: »Ich habe Ärger. Aber ich bin nicht mein Ärger.« Auf diese Weise relativiert sich mein Ärger. Ich tauche von der emotionalen Ebene in eine tiefere Ebene des Schweigens ein, zu dem der Ärger keinen Zutritt hat. Das befreit mich vom Kreisen um meine Probleme. Und es befreit mich auch von dem Leistungsdruck, alle negativen Gedanken und Emotionen loswerden zu müssen. Wir wollen das Bedrängende gerne loswerden. Aber es geht darum, es loszulassen. Und loslassen kann ich nur, was ich angenommen, was ich zugelassen habe.

Das Ziel des Schweigens – und damit der dritte Schritt – ist das Einswerden mit Gott. Ich beschäftige mich mit meinen Gedanken und Gefühlen, um davon frei zu werden, damit sie mich beim Beten nicht mehr stören. Beten, ohne abgelenkt zu werden, das ist für Evagrius die höchste Form des Gebetes. Wenn ich nicht mehr abgelenkt werde, wenn ich nicht mehr über Gott nachdenke, dann kann ich eins werden mit ihm. In diesem Einswerden vergesse ich mich selbst. Ich bin einfach nur da. Nichts stört mich. Die Sehnsucht der Mönche geht nach diesem Einswerden mit Gott im Schweigen. Da stören keine lärmenden Gedanken, da tritt keine Überlegung zwischen Gott und mich. Ich bin in Gott – und Gott ist in mir. Ich bin eins mit Gott und einverstanden mit dem eigenen Leben. Solche Augenblicke tiefen Schweigens sind selten. Aber um dieser Augenblicke willen nehmen die Mönche den oft beschwerlichen Weg des Schweigens auf sich. Wer schweigend auf die Stille der verströmenden Wüstenbilder dieses Buches schaut, der ahnt etwas von der Stille, die uns durchdringt, in der wir eins sind mit dem Geschauten und darin eins mit uns, mit dem unverfälschten und unberührten Bild Gottes in uns. Wenn sich die Bilder der Wüste in uns einbilden, dann bringen sie uns in Berührung mit dem Bild Gottes in uns, dann öffnen uns die Bilder das Herz für Gottes heilende Gegenwart, die uns einhüllt.

Der Altvater Joseph fragte den Altvater Nisteroos: »Was soll ich mit meiner Zunge anfangen – ich kann sie nicht beherrschen?« Der Altvater Nisteroos fragte zurück: »Wenn du redest, findest du dann Ruhe?« Der Altvater Joseph antwortete: »Nein.« Da sagte der alte Mann: »Wenn du keine Ruhe findest, warum redest du dann? Schweige also. Und wenn es zu einem Gespräch kommt, dann höre besser zu, statt zu reden.«

Abbas Nisteroos

Hören und Schweigen

Drei Jahre

Man erzählt von dem Altvater Agathon: Drei Jahre trug er einen Stein im Munde, bis er zurechtkam mit dem Schweigen.

Abbas Agathon

Wiederum: *Ruhe haben*

»Wenn du dich selber für gering hältst, hast du Ruhe, an welchem Ort du dich auch niederlassen magst.«

Abbas Poimen

Der Schlüssel

Ein Sieg über jedes Leid, das über dich kommt,
ist das Schweigen.
Abbas Poimen

Gottes wegen

*Ein Bruder
fragte den
Altvater Poimen:
»Ist Reden besser
als Schweigen?«
Der Greis
antwortete ihm:
»Wer Gottes
wegen redet,
tut gut daran,
wer Gottes
wegen schweigt,
tut ebenso gut.«
Abbas Poimen*

Was mich angeht

Einige Mönche fragten den Altvater Poimen: »Wenn wir sehen, wie ein Bruder gerade dabei ist, eine Sünde zu begehen, sollen wir ihn dann ermahnen?«
Der Altvater antwortete: »Was mich angeht: Wenn ich unterwegs bin und einen sehe, der eine Sünde begeht, dann gehe ich einfach weiter, ohne ihn zu ermahnen.«
Abbas Johannes Kolobos

Still sein

Wenn du schweigst, wirst du überall Ruhe finden.

Abbas Poimen

Eine Probe …

Ein anderes Mal war wieder eine Versammlung in der Sketis, und die Väter wollten Altvater Moses, einen ehemaligen Räuber, der wegen seiner Hautfarbe oft geschmäht wurde, auf die Probe stellen und behandelten ihn wie ein Nichts, indem sie sagten: »Wozu kommt denn dieser Äthiopier in unsere Mitte?«
Er hörte es schweigend an.
Nach der Auflösung der Versammlung sagten sie zu ihm:
»Abbas, hast du dich da nicht aufgeregt?«
Er antwortete: »Ja, ich war aufgeregt, aber ich verstand mich nicht zum Reden.«

Apo 497

Nicht nur Reden …

Man braucht nicht nur Reden.
Denn es gibt viele Reden unter den Menschen in dieser Zeit.
Was Not tut, ist die Tat.
Das wird gesucht und nicht
Reden, die keine Frucht bringen.
Apo 398

Schweigen

Abbas Poimen sagte:
»Da ist ein Mensch, der scheint zu schweigen, aber sein Herz verurteilt andere. Er redet in Wirklichkeit ununterbrochen. Und da ist ein anderer, der redet von früh bis spät, und doch wahrt er das Schweigen, weil er darauf achtet, nichts Nutzloses zu reden.«

Abbas Poimen

Von der Freiheit

Wer in der Wüste wandert und die Weite erlebt, der fühlt sich frei. Weite hat immer mit Freiheit zu tun. In der Wüste fühlen wir uns nicht eingeengt durch Behausungen oder Mauern. Die Wüste scheint endlos zu gehen. Wer sich solcher Weite aussetzt, dessen Herz weitet sich und er fühlt eine unendliche Freiheit in sich. Diese Freiheit wird für ihn zu einer tiefen Gotteserfahrung. Damit erfährt er etwas Wesentliches von Gott. Denn Gott ist die Freiheit. Und wer Gott wirklich begegnet, der wird frei von allem, was ihn sonst beherrscht. Das Reich Gottes, das Jesus verkündet, ist das Reich der Freiheit. Denn wo Gott im Menschen herrscht, da wird der Mensch ganz er selbst, da haben keine anderen Kräfte Macht über ihn. Die Herrschaft Gottes befreit uns von allen irdischen Mächten, die uns gerne bestimmen möchten.

Wir meinen, Freiheit sei, das zu tun, was wir gerne möchten. Doch oft genug merken wir dann gar nicht, wie wir von unseren Launen bestimmt werden. Die wahre Freiheit ist etwas anderes. Sie entsteht, wenn wir frei geworden sind von Gier und Sucht, wenn wir in Gott zu unserer inneren Freiheit gefunden haben. Doch der Weg zu dieser Freiheit ist durchaus mühsam. Die Mönche haben in ihrem Kampf mit den Leidenschaften erfahren, dass die Dämonen gern über uns herrschen möchten. Sie streiten mit Gott um die Herrschaft in uns. Die Mönche bezeichnen oft die Leidenschaften und Emotionen mit Dämonen. Ein solches Bild ist für uns fremd. Aber es will ausdrücken, dass eine Angst wie eine Macht sein kann, die uns überfällt. Oder eine Depression kann uns niederdrücken. Ein Zwang kann uns fesseln. Das Bild der Dämonen wird also durchaus unserer modernen Erfahrung gerecht, dass wir uns von Emotionen oder Leidenschaften bestimmt fühlen. Es braucht den Kampf mit den Dämonen. Allerdings ist dieser Kampf nicht ein Kampf gegen die Dämonen, sondern mit ihnen. Wenn wir nur gegen sie kämpfen, werden wir eine so starke Gegenkraft in ihnen hervorlocken, dass wir ständig mit ihnen beschäftigt sind. Wenn wir aber mit ihnen kämpfen, dann werden wir in diesem Kampf stärker. Die Mönche benutzen hier das Bild des Ringkampfes. Der Ringkämpfer wächst im Kampf mit einem andern. Seine Kräfte nehmen zu. Er nimmt gleichsam etwas von der Kraft des Gegners, mit dem er ringt, und integriert sie in seine eigene Kraft. Der Sieger fühlt sich frei. So geht es auch im Kampf mit den Dämonen um Sieg, nicht aber um ein Besiegen. Es ist vielmehr ein Sieg, den der Gegner anerkennt. Nur so ein Sieg führt zur Freiheit. Wenn der Besiegte sich als Verlierer fühlt, wird er immer wieder neu den Kampf er-

öffnen, um endlich auch siegen zu können. Die Mönche sprechen von einem Kampf, der durchaus hin und her geht und auch länger dauert. Aber das Ziel ist ein Sieg, der innere Ruhe und Freiheit mit sich bringt und nicht die Angst, der Gegner könne sich wieder neue Tricks einfallen lassen und uns hinterrücks überfallen. Auch nach dem Sieg braucht es Wachsamkeit, aber keine Angst und kein Kontrollierenwollen. Das wäre kein Sieg, sondern eine dauernde Anspannung. Der wirkliche Sieg führt zur Freiheit.

Die Freiheit, die die Mönche meinen, ist vor allem eine Freiheit von der Welt. Sie haben Gott als Grund ihres Lebens erfahren. Jetzt brauchen sie vieles nicht, was die Weltleute als absolut nötig betrachten. Sie können mit Wenigem zufrieden sein. Sie verzichten auf die Ehe, auf Besitz, auf angenehmes Leben. Sie sind die wahrhaft freien Athleten, wie sie in der Antike oft genannt werden. Sie bauen ihr Lebenshaus nicht auf den Sand menschlicher Zuwendung und Anerkennung, sondern auf den festen Fels Gottes. Wenn das Haus auf diesem festen Grund steht, dann bin ich frei von den Maßstäben der Welt, von ihren Erwartungen und Versprechungen. Gott ist der, der mich von der Macht der Menschen befreit. Und wenn ich diese innere Freiheit erfahre, dann wird mein Haus nicht einstürzen, selbst wenn Wellen und

Wogen dagegen anrollen und heftige Stürme dagegen wüten.

Die Mönche sprechen vom Raum der Stille in uns. In diesem Raum wohnt Gott. Und dort, wo Gott in uns wohnt und in uns herrscht, sind wir frei von der Macht dieser Welt. Dort haben die Menschen mit ihren Erwartungen und Ansprüchen, mit ihren Urteilen und Verurteilungen keinen Zutritt. Dort sind wir auch frei von inneren Zwängen. Unsere Selbstbeschuldigungen und Selbstverurteilungen haben dort keinen Zutritt. Unsere Schuldgefühle verlieren dort ihre Macht. Dort, wo Gott in uns wohnt, sind wir wahrhaft frei. Ein Priester, der ganz von Ängsten beherrscht war, erzählte mir, dass er für den Augenblick einer Sekunde sich absolut frei fühlte. Er war in Berührung mit diesem inneren Raum der Stille, in dem Gott wohnt. Und für diese eine Sekunde war er absolut frei. Das war für ihn die tiefste Gotteserfahrung, die er je gemacht hat. Die Gotteserfahrung veränderte auch seine Selbsterfahrung. Gotteserfahrung führt immer zu einer Selbsterfahrung von Weite und Freiheit. Daher ist der Weg der Mönche nicht nur ein Weg zu Gott, sondern auch ein Weg zum wahren Menschen, ein Weg in die Freiheit, die Gott dem Menschen bei der Schöpfung mitgegeben hat.

Der alte Mann und die Wüste

Altvater Amun von Rhaithos kam einmal nach Klysma, um den Altvater Siseos zu besuchen. Als er sah, dass der Altvater betrübt war, weil er die Wüste verlassen hatte, sagte er zu ihm: »Vater, warum bist du so traurig darüber? Was würdest du in der Wüste tun, jetzt, wo du so alt bist?«
Der Alte dachte kummervoll über die Worte nach und sagte: »Was sagst du mir da, Amun? War mir nicht die Freiheit meiner Seele in der Wüste allein genug?«
Abbas Siseos

Umkehr

Ein Alter sagte: »Das ist die Stimme, die zum Menschen bis zu seinem letzten Atem ruft: Kehre heute um!«

Anonym

Fünfzig Jahre

Man erzählte von Abbas Theodor und dem Abbas Lukios, denen von Ennatu, dass sie fünfzig Jahre mit ihren Gedanken Spott trieben, indem sie sagten: Nach diesem Winter gehen wir von hier fort. Wenn dann der Sommer kam, sagten sie: Nach diesem Sommer wandern wir von hier aus. Auf diese Weise machten es diese unvergesslichen Väter die ganze Zeit.

Apo 298

Ein Altvater sagte: »Stimme nicht jedem Wort zu, das man dir sagt. Glaube langsam, aber spreche schnell die Wahrheit aus.«
Anonym

Wann man langsam und wann man schnell sein soll

Freiheit

Der Abbas Theodor von Pherme sagte: »Ein Mensch, der ernsthaft an sich arbeitet, ist an kein Gebot gebunden.«

Abbas Theodor

Warum fragst du?

Ein Bruder fragte Altvater Poimen: »Ich verliere meine Seele, wenn ich bei meinem Altvater bleibe.« Der alte Mann, der sah, dass der Bruder Schaden nahm, wunderte sich, dass dieser dennoch bei dem Altvater bleiben wollte.
Er sagte: »Wenn du willst, bleibe.« Der Bruder ging zu seinem Altvater zurück und blieb. Dann kam er erneut und sagte: »Meine Seele nimmt Schaden, wenn ich bei meinem Altvater bin.« Aber Altvater Poimen sagte ihm nicht, er solle seinen Altvater verlassen. Da kam er ein drittes Mal und sagte: »Ich werde nicht mehr bei ihm bleiben.«
Nun sagte Altvater Poimen: »Sieh, jetzt wirst du gerettet. Geh und bleibe nicht mehr bei ihm.« Und er sagte weiter: »Jedes Mal, wenn ein Mensch erkennt, dass seine Seele offensichtlich Schaden nimmt, ist es nicht nötig, einen anderen darüber zu befragen. Man fragt nach Gedanken, die einem selbst noch verborgen sind. Es liegt bei den Altvätern, sie zu untersuchen. Während man hingegen klar erkennbare Fehler sofort abschneiden muss.«

Abbas Poimen

Abbas Theona sagte: »Weil der Geist sich keine Zeit nimmt für die Betrachtung Gottes, darum werden wir Gefangene der fleischlichen Begierden.«

Abbas Theona

Gefangenschaft

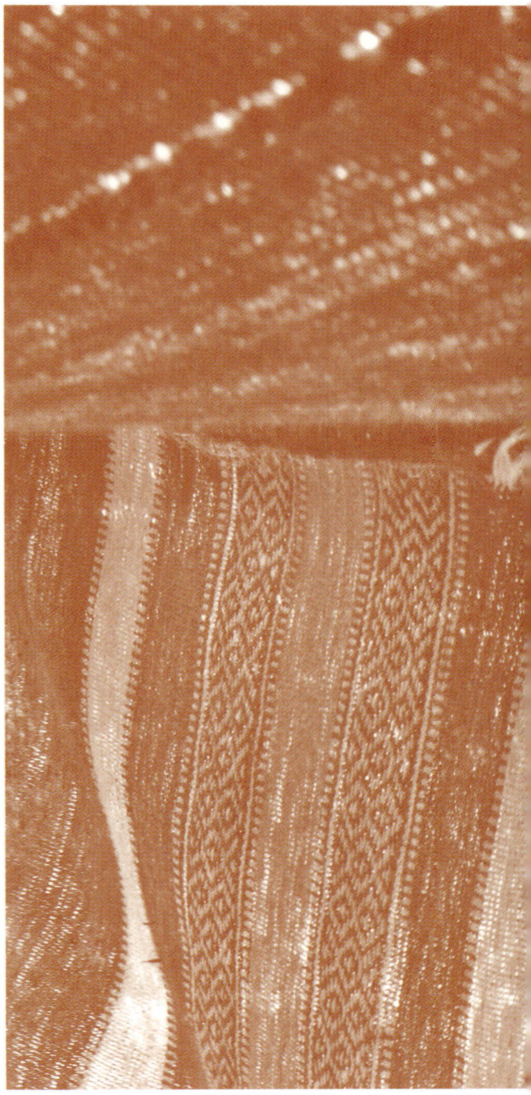

Die Freude am Verlieren

Der Altvater Euprepios sprach: »Alles Leibliche ist materiell. Wer die Welt liebt, liebt, was zum Anstoß wird. Wenn es sich also trifft, dass man etwas verliert, dann muss man das mit Freude und Danksagung hinnehmen, weil man jetzt von Sorgen befreit ist.«

Abbas Euprepios

Von Selbsterkenntnis und Herzensruhe

Viele Vätersprüche kreisen um die Frage, wie der Mönch zur Ruhe kommen kann. Ein entscheidender Weg ist dabei die Selbsterkenntnis. Viele sind auf der Flucht vor sich selbst und kommen deshalb nicht zur Ruhe. Sie haben Angst, das Chaos im eigenen Herzen anzuschauen. Und so müssen sie ständig vor sich davonlaufen. In der jüdischen Tradition gibt es den ruhelosen Wanderer. Er wandert nicht, um – wie die frühen Mönche – sich frei zu wandern von allen Bindungen, um allein offen zu werden für Jesus Christus, der als der göttliche Wanderer mit uns unsere Wege geht. Er unterliegt einem Fluch. Er wandert ruhelos, weil ihn sein schlechtes Gewissen nicht ausruhen lässt. Es sind oft die Schuldgefühle, die uns nicht zur Ruhe kommen lassen. Da braucht es die Erfahrung der Vergebung, der bedingungslosen Liebe Gottes, die auch noch unser Versagen umfasst, um zur Ruhe zu finden.

Ein Weg zur Ruhe ist der Verzicht auf das Richten. So heißt es in einem berühmten Väterspruch: »Wenn du Ruhe finden willst, hier und dort, dann sprich bei jeder Handlung: Ich – wer bin ich? Und richte niemand!« (Apo 385) Der Verzicht, über andere zu richten, schließt auch mit ein, dass wir uns selbst nicht bewerten oder richten. Wir halten alles, was in uns ist, Gott hin, ohne es zu beurteilen. Wir überlassen Gott das Urteil. Wenn wir es Gott hinhalten, kommen wir mit allem, was in uns ist, vor Gott und in Gott zur Ruhe. Der andere Weg zur Ruhe besteht in der beständigen Frage: »Ich – wer bin ich?« Diese Frage führt mich von allem Äußeren immer mehr in die Tiefe. Alle äußeren Selbstbilder fallen von mir ab. Zunächst fällt mir bei dieser Frage ein: »Ich bin Mann. Ich bin Sohn. Ich bin Christ. Ich bin Mönch. Ich bin ehrgeizig, verständnisvoll, liebevoll, barmherzig.« Aber bei allem, was ich mir vorsage, merke ich, dass das noch nicht das Innerste ist. Es sind die Zwiebelschalen, die ich abschäle, bis ich zu dem innersten Kern vordringe. Diesen Kern aber kann ich selber nicht mehr beschreiben. Er ist wie ein Geheimnis, das letztlich nicht mit Worten erklärt werden kann. Ich kann diesen Kern nur fühlen. Und wenn ich ihn fühle, dann finde ich Ruhe. Dann höre ich auf, mich zu rechtfertigen, mich zu entschuldigen oder zu beschuldigen. Ich bin einfach da, in der Gewissheit, von Gott angenommen zu sein.

Ein anderer Weg zur Ruhe ist für die frühen Mönche die Demut. Das hat vor allem Cassian in seinen Unterredungen immer wieder betont. So sagt er: »Die wahre Geduld und Ruhe wird ohne tiefe Demut des Herzens weder erlangt noch bewahrt. Wenn sie aus dieser Quelle stammen, wer-

den sie weder die Hilfe der Zelle noch die Flucht in die Einsamkeit nötig haben. Denn sie suchen nicht irgendwo von außen Schutz, da sie durch die Kraft der Demut, ihrer Erzeugerin und Wächterin, innerlich gestützt werden.«

Warum führt die Demut zur Ruhe? Die Demut ist der Mut, hinabzusteigen in die Tiefen der eigenen Seele, seine Erdhaftigkeit und Erdverhaftung anzunehmen. Nichts Menschliches ist mir fremd. Ich steige gemeinsam mit Christus, der vom Himmel zur Erde herabgestiegen ist, in das Erdreich meiner Seele, in das Dunkle und Schmutzige, in die Tiefen meines Menschseins. Ich weiß, dass Christus in seinem Abstieg aus dem Himmel alles Irdische angenommen hat. So hat er auch alles in mir angenommen. Diese Erfahrung, dass die Tiefen meines Menschseins von der Liebe Christi durchdrungen und erfüllt sind, ermöglicht es mir, zur wahren Ruhe zu finden. Ich brauche vor nichts in mir Angst zu haben, weil alles von Christus erleuchtet ist. Die Demut führt zur Gelassenheit. Ich kann mich lassen, wie ich bin.

Für die frühen Kirchenväter war die Ruhe immer eine Teilhabe an der Sabbatruhe Gottes. Gott schuf die Erde in sechs Tagen. Am siebten Tag ruhte er aus von seinen Werken. Er sah, dass alles sehr gut war. So feiern wir jeden Sonntag die Sabbatruhe Gottes und bekennen, dass das Werk seiner Hände gut ist und dass Christus alles, was durch die Sünde beschädigt worden ist, gut gemacht hat. So bekennen die Menschen bei der Heilung des Taubstummen: »Er hat alles gut gemacht; er macht, dass die Tauben hören und die Stummen sprechen.« (Markus 7,37) Doch wir haben nicht nur am Sonntag teil an Gottes Sabbatruhe. Immer wenn wir die Ruhe unseres Herzens gefunden haben, gehen wir ein in die heilige Ruhe Gottes. In dieser Ruhe hören unsere Selbstvorwürfe auf. Wir sagen gemeinsam mit Gott, dass alles gut ist, was er an uns und in uns gewirkt hat. Ruhe hat mit Zustimmung zu tun, Zustimmung zu Gott, Zustimmung zur Schöpfung, Zustimmung zum Sein.

Der Hebräerbrief spricht vom Land der Ruhe, in das wir mit Christus eingehen dürfen. Christus ist der Vorläufer, der in das Land der Ruhe eingezogen ist. Der Hebräerbrief nennt diesen Ort der Ruhe auch das »Allerheiligste«. Es ist nicht nur

der himmlische Tempel. Es ist zugleich ein Ort im menschlichen Herzen. In uns ist das Allerheiligste, ein Raum der Ruhe, in dem alles heilig ist, in dem alles dem Herrschaftsbereich der Welt entzogen ist. Dort, wo alles in uns heilig ist, sind wir heil und ganz. Dort ist alles in uns gut. Dort sind wir ganz wir selbst, unberührt von der Sünde, von der Bosheit des menschlichen Herzens. Dort sind wir im Einklang mit Gott. Die Wüste ist ein Sinnbild für das Land der Ruhe. Indem wir durch die Wüste wandern, ahnen wir, dass das Land der Ruhe in uns selbst ist. In uns ist der Ort der Ruhe, an dem Gott selbst in uns Wohnung gefunden hat, um in unserem Herzen auszuruhen und uns an seiner Ruhe Anteil zu schenken. In uns ist die Stille der Wüste. In uns ist die Ruhe, die uns außen umgibt. Und in uns ist das Allerheiligste, in dem Gott selbst alles in uns heiligt und der Herrschaft dieser Welt entzieht, damit in ihm alles heil wird und ganz.

Die Mönche haben das Wort Jesu geliebt: »Kommt alle zu mir, die ihr euch plagt und schwere Lasten zu tragen habt. Ich werde euch Ruhe verschaffen.« (Matthäus 11,28) Sie haben in sich erfahren, dass sie sich oft abplagen mit ihrem eigenen Ehrgeiz, mit ihren kranken Lebensmustern, mit ihren Wunden. Sie sind den Weg der Askese gegangen und haben ihn oft als mühsam erfahren. Da war es für sie eine Verheißung, dass Jesus selbst sie in die Ruhe führt. Aber Jesus nimmt sie nicht einfach an der Hand. Er lehrt sie auch den Weg zur Ruhe. »Lernt von mir; denn ich bin gütig und von Herzen demütig.« (Matthäus 11,29) Gut mit sich umgehen, mit einem milden und gütigen Blick auf sich und die Abgründe seiner Seele schauen, das ist die Bedingung, um zur Ruhe zu kommen. Und es braucht die Demut, den Mut, hinabzusteigen in alle innere Unruhe, um auf dem Grund des seelischen Durcheinanders die Ruhe zu entdecken, die dort herrscht, wo Christus in mir wohnt. Auf dem Grund meiner Seele wohnt Christus. Und dort finde ich die wahre Ruhe. Aber der Weg zu dieser Ruhe führt durch die Unruhe hindurch und nicht an ihr vorbei. Die Unruhe verweist mich immer auf unerledigte Dinge. Der Weg zur Ruhe zeigt mir auf, was ich noch an innerer Arbeit erledigen muss, damit ich mich bei Christus und an seinem Herzen ausruhen kann.

Solange der Mensch nur gegen seine Leidenschaften ankämpft,
kann er nicht klar den Sinn seines Kämpfens erkennen,
denn er gleicht einem Menschen, der im Dunkel der Nacht kämpft.
Wer aber zur Klarheit des Herzens gefunden hat,
kann die Absichten seines Gegners klar erkennen.

Abbas Poimen

Die Klarheit des Herzens

Unverwundbar …

Wiederum sagte er: »Der Mönch, der die Herzensruhe liebt,
bleibt unverwundet von den Geschossen des Feindes.
Wer sich aber unter die Masse mischt, der bekommt dauernd Schläge.«
Abbas Neilos

Der Wüstenmönch

Wer in der Einsamkeit der Wüste lebt,
wird drei Kämpfen entrissen:
dem Hören, dem Reden, dem Sehen.
Der einzige Kampf, der bleibt, ist der
Kampf mit sich selbst.
Abbas Antonios

Wohin steuerst du?

Ein Altvater sagte: »Nicht wegen unserer Gedanken, die wir haben, werden wir verdammt, sondern weil wir sie schlecht gebrauchen. Denn tatsächlich ist es so, dass wir durch unsere Gedanken sowohl Schiffbruch erleiden können, als auch, dass wir durch die Gedanken gekrönt werden können.«
Anonym

Die Quelle

*Ein Mensch,
der lehrt,
aber nicht
tut, was er
lehrt, gleicht
einer Quelle,
die alle
reinigt und
jedem zu
trinken gibt,
aber sich
selbst nicht
reinigen
kann.*
Abbas Poimen

Ein Bruder fragte einen Altvater, was er tun solle wegen der vielen Gedanken, die ihn beunruhigten. Denn er wusste nicht, wie er sie bekämpfen konnte. Der Altvater sagte: »Bekämpfe nicht alle zugleich, sondern nur einen. All die Gedanken, die ein Mönch haben kann, stammen aus einer einzigen Quelle. Du musst herausfinden, welche Quelle das ist, und dich mit ihr vertraut machen. Darauf musst du deinen Blick richten. Denn dadurch kannst du auch alle anderen Gedanken besiegen.«
Anonym

An der richtigen Stelle anfangen

Bevor die Sonne untergeht

Altvater Agathon sagte: »Ich habe mich nie zur Nachtruhe hingelegt, solange ich im Unfrieden mit jemandem war. Und soweit es mir möglich war, habe ich auch keinen zur Nachtruhe gehen lassen, der im Unfrieden mit mir war.«

Abbas Agathon

Ein Bruder fragte einen Altvater:
»Was ist Demut?«
Der Altvater antwortete:
»Demut ist, nicht auf die Fehler der anderen zu achten, sondern immer auf seine eigenen.«
Anonym

Sich selbst sehen

Ein alter Mönch sagte: »Einer, der zu viel von den Menschen gelobt wird, dessen Seele befindet sich in nicht unerheblicher Gefahr.«
Anonym

Zu viel Lob

Der Weg

Altvater Siseos sagte:
»Lass dich verachten, gebe deinen Eigenwillen auf, befreie dich von deinen Sorgen – und du wirst Ruhe haben.«
Abbas Siseos

Was dein Herz beruhigt

Verliere dein Herz nicht an etwas, was dich in deinem Herzen nicht erfüllt.
Abbas Poimen

Es ist für jeden, der sich nicht im täglichen Leben bewährt hat, gefährlich, anderen Lehren zu erteilen. Denn einer, der ein baufälliges Haus besitzt und darin Gäste empfängt, der bringt andere in Gefahr, weil seine Behausung einstürzen kann. Genauso ist es bei einem, der noch nicht in seinem Inneren wohnt. Denn er fügt denen Schaden zu, die zu ihm kommen.

Abbas Synkletika

Das baufällige Haus

Zorn in der Nacht

Lass die Sonne nicht über deinem Zorn untergehen, sonst kommen während deiner Nachtruhe die Dämonen und ängstigen dich und machen dich so noch feiger für den Kampf des folgenden Tages. Denn die Wahnbilder der Nacht entstehen gewöhnlich durch den erregenden Einfluss des Zorns. Und nichts macht den Menschen so sehr bereit, sein Ringen aufzugeben, als wenn er seine Regungen nicht kontrollieren kann.

Praktikos Nr. 21

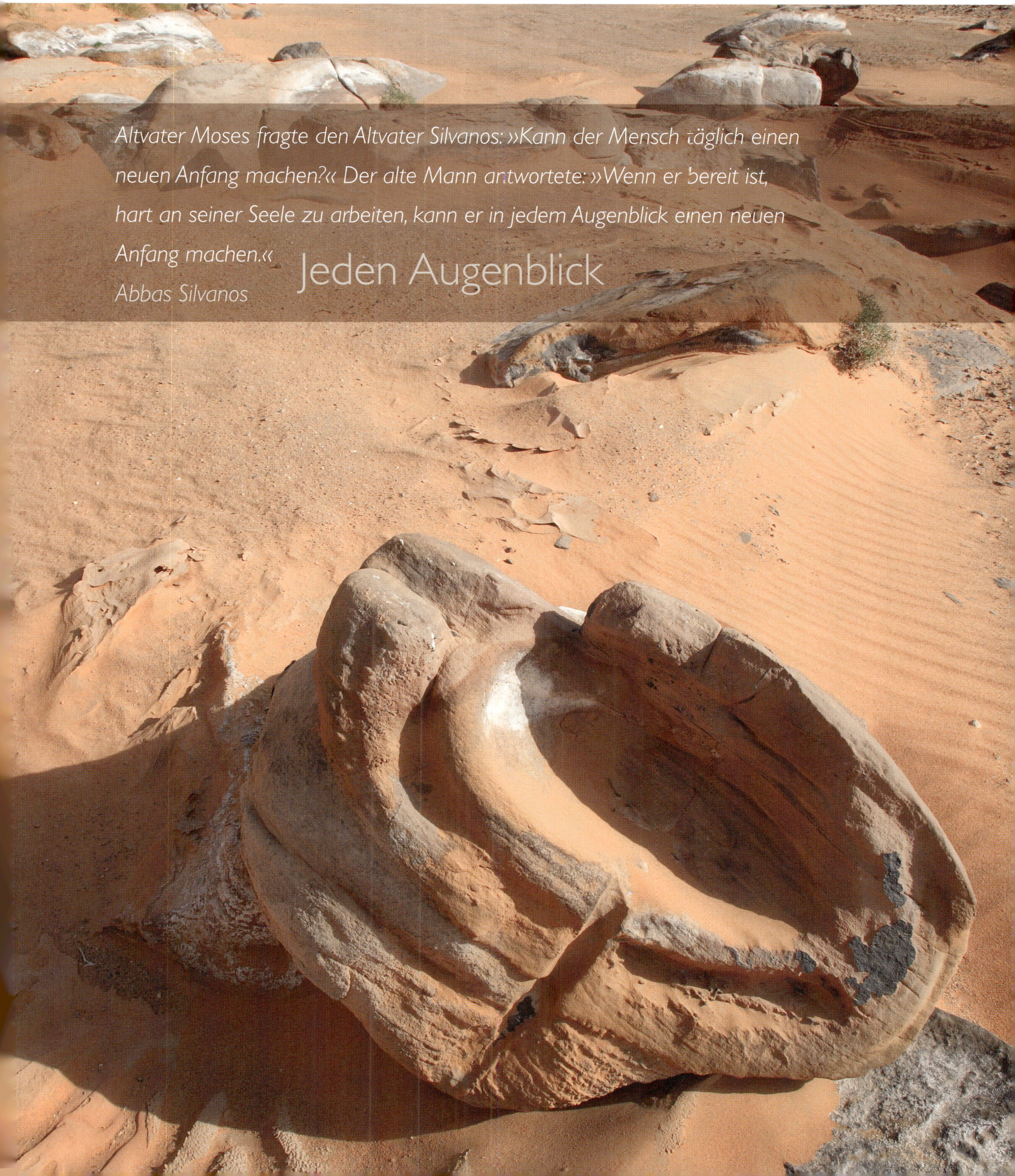

Altvater Moses fragte den Altvater Silvanos: »Kann der Mensch täglich einen neuen Anfang machen?« Der alte Mann antwortete: »Wenn er bereit ist, hart an seiner Seele zu arbeiten, kann er in jedem Augenblick einen neuen Anfang machen.«

Abbas Silvanos

Jeden Augenblick

Wegweiser

Abbas Poimen sagte: »Umsichtig sein, auf sich selbst achten und die Unterscheidungsgabe üben: Diese drei Tugenden weisen der Seele den Weg.«

Abbas Poimen

Abbas Elias sagte:
»Eine gewaltige Kraft hat die Sünde, wo Reue ist.
Was nützt dagegen die Liebe, in der Überheblichkeit steckt?«
Abbas Elias

Umwertung

Von der Weisheit und Einfachheit

Nach Weisheit sehnen wir uns alle. Manche verwechseln Weisheit mit viel Wissen. Doch weise ist der, der in sich klar ist, bei dem alles durchlässig geworden ist für Gottes Geist. Im Lateinischen heißt Weisheit sapientia. Das kommt von »sapere = schmecken«. Weise ist der, der sich selbst schmecken kann, der ausgesöhnt ist mit sich selbst. Das deutsche Wort »weise« kommt eigentlich von »vidi = ich habe gesehen«. Weise ist der, der viel gesehen hat oder der in die Tiefe sieht. Bei den Mönchen besteht die Weisheit nicht im theologischen Wissen, sondern in der Erfahrung des Menschlichen und Göttlichen, im Hineinschauen in die Abgründe des Menschseins und in das Geheimnis Gottes. Weise ist der, der eingeweiht ist in göttliche Geheimnisse. Antonius war weise geworden, weil er in radikaler Selbstbegegnung zugleich dem unbegreiflichen Geheimnis Gottes begegnet ist und von Gott in alle Weisheit Himmels und der Erde eingeweiht worden ist.

Für die Mönche hängen Weisheit und Einfachheit zusammen. Mit dieser Zusammenschau übernehmen sie die Auffassung der stoischen Philosophie, die die Mönche mit den Erfahrungen ihres asketischen Weges verbanden. Manchmal stehen die Lehren der Mönche denen stoischer Wanderphilosophen sehr nahe. In der stoischen Philosophie war die Einfachheit ein zentraler Begriff. Vor allem Kaiser Mark Aurel, der Philosoph auf dem Kaiserstuhl, liebt diesen Begriff. Er gebraucht das griechische Wort »haplotes«, das auch die Bibel häufig verwendet. Er meint, im wahrhaft guten Menschen müsse »alles schlicht und voll Wohlwollen« sein. Einmal ruft er sich selbst zu: »Lass keine Unruhe in dir aufkommen, werde einfach!« Einfach sein heißt für Mark Aurel, ohne Nebenabsichten seine Aufgabe zu erfüllen, sich von den Leidenschaften nicht bestimmen zu lassen und frei von Illusionen zu sein, die man sich häufig über das Leben macht. Der einfache Mann ist arglos. Er ist frei von Misstrauen gegenüber anderen. Auch der Philosoph soll keine komplizierten Sätze formulieren. Zeichen eines echten Philosophen ist vielmehr die Einfachheit: »Einfachheit und Bescheidenheit ist die Aufgabe der Philosophie.« Einfachheit ist aber vor allem das Ziel der Menschwerdung. Der wahre Mensch ist einfach und lauter, ohne Arglist und ohne Nebenabsichten. So ruft Mark Aurel aus: »Wann endlich, liebe Seele, willst du gut, einfältig (haplous), einig mit dir selbst und ohne Hülle durchsichtiger erscheinen als der dich umgebende Leib?« Für Mark Aurel ist die Einfachheit eines der höchsten Güter, nach denen er in seinem Leben ringt. Einfach ist der Mensch, der ganz und gar mit der

Natur übereinstimmt und der frei ist von Leidenschaften. Der einfache Mensch ist einfach da. Er lebt in Übereinstimmung mit seinem innersten Wesen und mit Gott. Er ist aufrichtig und arglos, lauter und klar.

Die Mönche wollen einfach werden und klar, indem sie auf vieles Äußere verzichten, auf Besitz und angenehmes Leben. Sie streben nach innerer Lauterkeit, indem sie alle Trübungen ihres Geistes und ihrer Seele anschauen und vom Geist Gottes reinigen und klären lassen. Sie möchten durch ihren ehrlichen Umgang mit den Leidenschaften zu jener Klarheit und Einfachheit gelangen, von der Jesus im Lukasevangelium spricht, das die Worte Jesu im Licht stoischer Philosophie entfaltet: »Dein Auge gibt dem Körper Licht. Wenn dein Auge gesund (haplous = einfach, klar) ist, dann wird auch dein ganzer Körper hell sein.« (Lukas 11,34) Weise ist nach der Bibel der, der mit einem klaren und reinen Auge auf sich selbst, auf die Menschen, auf die Welt und auf Gott schaut. Er ist frei von Projektionen. Er sieht alles so, wie es ist.

Die Wüste ist in ihrer Einfachheit eine Lehrmeisterin der Weisheit. Da geht es nicht um das viele Wissen, sondern um das richtige Sehen, um das klare und un-

getrübte Sehen. In der Wüste muss das Auge tiefer blicken. Wenn die vielen äußeren Reize wegfallen, dann wird das Auge eingeladen, in die Tiefe zu schauen, in die Abgründe menschlicher Seele, in das Geheimnis der Welt, in das Geheimnis des unsichtbaren Gottes. In der Wüste hatten die Mönche kaum Bücher zur Verfügung. Allein in der Heiligen Schrift lasen sie. Oft lernten sie sie auswendig. Manche Mönche verschenkten sogar ihre Bibel, weil sie in der Schöpfung selbst die Weisheit Gottes erkannten. Für sie war die Schöpfung das klarste Buch Gottes. Das Wort Gottes bewahrten sie in ihrem Herzen und wiederholten es in der so genannten »ruminatio = Wiederkäuen« beständig. Aber mit ihren Augen sahen sie auf die Schöpfung und erkannten darin den, von dem das Wort der Schrift in ihrem Herzen kündete. Es war eine einfache Theologie, ohne viel Gelehrsamkeit, aber ganz nahe am Menschen. Denn sie kam aus der Erfahrung und aus der Reduktion auf das Wenige und Einfache. So gelangten sie zu einer Weisheit, die all die Ratsuchenden bewunderten. Manche fragten die Mönche, woher sie ihr Wissen hätten. Doch sie verwiesen sie immer auf das einfache Leben in der Stille, das ihnen die Augen öffnete für die wahre Weisheit.

Abbas Poimen sprach:
»Wenn der Mensch Ordnung einhält,
dann wird er nicht verwirrt.«
Anonym

Von der Ordnung

Gebet

Ein Altvater sagte: »Das anhaltende Gebet verbessert in kurzem den Geist.«

Apo 1128

Voller Löcher

Der Mensch, der Kränkungen und Verstimmungen nicht vergessen kann und trotzdem zu beten versucht, gleicht einem Menschen, der aus einer Quelle Wasser schöpft und es in ein Fass voller Löcher gießt.

Anonym

Eine einfache Regel

Altvater Poimen sagte:

»Wenn ein Bruder zu dir kommt und du erkennst, dass dir sein Besuch keinen Nutzen gebracht hat, dann befrage dein Herz und werde dir darüber klar, wie deine Gedanken vor seinem Eintreten waren. Dann wirst du verstehen, weshalb sein Besuch umsonst war.«

Abbas Poimen

Und jetzt?

Ein Altvater sagte:
»Wenn ein unfreundliches Wort zwischen dir und einem anderen fällt und der andere es abstreitet, indem er sagt: ›Ich habe dieses Wort nicht gesagt‹, dann beginne mit ihm keinen Streit, indem du sagst: ›Doch, du hast es gesagt‹, denn sonst wird er böse werden und sagen: ›Ja, ich habe es gesagt, und was jetzt?‹«
Anonym

Eine überraschende Antwort

Drei Altväter kamen zum Altvater Siseos.
Der erste sagte zu ihm: »Vater, wie kann ich gerettet werden vor dem Feuerstrom?«
Siseos antwortete ihm nicht.
Der zweite sagte: »Vater, wie kann ich gerettet werden vor dem Zähneknirschen und dem Wurm, der nicht stirbt?«
Der dritte sagte: »Vater, was soll ich tun, da der Gedanke an die äußerste Finsternis mich tötet?«
Nun antwortete ihnen der alte Mann: »Ich denke nicht an diese Dinge.«

Abbas Siseos

Seitenwechsel

Zwischen dem Altvater Paulos und seinem Bruder Timotheos kam es oft zum Streit. Da sagte Paulos: »Wie lange soll das noch so weitergehen?« Timotheos antwortete: »Ich schlage vor, dass du in einem Streit meine Seite einnimmst und dass ich umgekehrt deine Seite einnehme.« Bis an ihr Lebensende hielten sie sich an diese Übung und lebten friedlich zusammen.

Abbas Paulos Kosmetes

Keine Zeit verlieren

Ein Altvater sagte: »Der, der Gold oder Silber verliert, kann wieder mehr davon finden. Aber der, der Zeit verliert, kann nicht mehr finden.«

Anonym

Altvater Poimen sagte: »Selbst wenn ein Mensch einen neuen Himmel und eine neue Erde erschaffen könnte, so könnte er doch nicht ohne Sorge sein.«
Abbas Poimen

Die Illusion

Anstrengung

Ein Bruder bat den Abbas Antonios: »Bete für mich!« Der Altvater erwiderte ihm: »Weder ich habe Erbarmen mit dir, noch hat es Gott, wenn du dir nicht selbst Mühe gibst und Gott bittest.«
Abbas Antonios

Von Askese, Versuchung und Leidenschaft

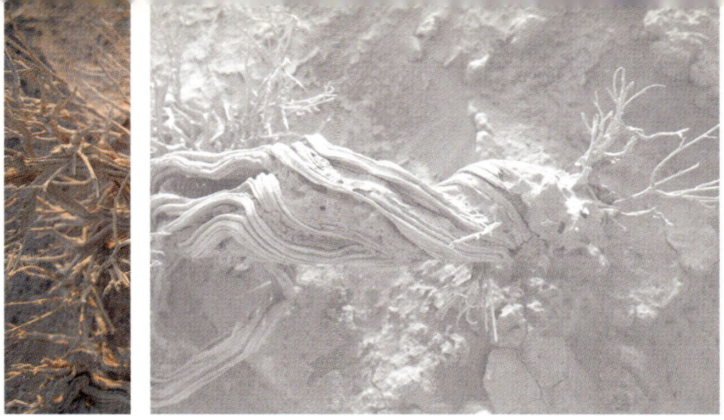

Die frühen Mönche wurden auch die Asketen oder die Athleten genannt. Askese heißt Übung, Training. Die Mönche verstanden sich als Sportler Gottes, die sich in die innere Freiheit eintrainierten. Die Askese war die Einübung in die inneren Haltungen, die die Mönche bei Jesus Christus als den Weg zur wahren Weisheit erkannten. Sie wollten in ihrem täglichen Übungsprogramm freier werden von Abhängigkeiten. Und wie ein Sportler enthaltsam ist, um größere Leistungen zu erzielen, so verstanden sie den Verzicht auf Ehe, auf ausreichende Nahrung und auf Besitz als Weg, ein besserer Athlet zu werden, der die Feinde der Seele erfolgreich bekämpfen und mit den Dämonen siegreich ringen kann. Askese hatte bei den Griechen einen positiven Klang. Da war noch nichts von dem negativen Beigeschmack, den dieses Wort dann in der beginnenden Neuzeit bekam. Dort verstand man Askese vor allem als Verzicht. Und oft genug wurde aus Askese Abtötung. Da wurden Kräfte im Menschen abgetötet, weil man sie für gefährlich hielt. Die griechische Askese war von einem positiven Menschenbild geprägt. Die Mönche wollten durch ihre Askese stärker werden und ihre seelischen und körperlichen Kräfte fördern, um so den Sieg im Ringen mit den Dämonen davontragen zu können. Man kann bei den Mönchen geradezu von einer Lust auf Askese sprechen. Sie sahen darin einen Sport, um die Kräfte, die Gott ihnen geschenkt hatte, zu stärken und so zu dem Menschen heranzureifen, der sein Leben meistert und der in Gott seinen wahren Grund findet.

Ähnlich positiv wie die Askese sahen die Mönche die Versuchungen. Sie hatten keine Angst vor den Versuchungen. Sie rechneten vielmehr bis zum letzten Atemzug mit Versuchungen und Anfechtungen. Antonios sagte in einem Spruch: »Keiner kann unversucht ins Himmelreich eingehen. Nimm die Versuchungen weg, und es ist keiner, der Rettung findet.« (Apo 5) Die Versuchungen gehören also zum Mönch. Sie stärken seine Kräfte. So wie ein Baum, der vom Wind geschüttelt wird, seine Wurzeln stärker in die Erde treibt und so einen besseren Wuchs erreicht, so wird auch der Mönch durch die Versuchungen seine Wurzeln tiefer in die Liebe Gottes hineingraben. Das stärkt seinen Lebensbaum. Und dieser Baum wird bessere Früchte tragen. Manche sehen da einen Widerspruch zur Vaterunserbitte: »Führe uns nicht in Versuchung!« Doch die Mönche haben einen anderen Begriff als die Versuchung, von der Jesus in der Bergpredigt spricht. Versuchung bedeutet in der Bergpredigt die Verwirrung und den Abfall, die Gefahr, durch falsche Propheten

auf einen Irrweg zu geraten und Gott zu verfehlen. Versuchung im Sinn der frühen Mönche bedeutet dagegen die Anfechtung durch die Dämonen. Wenn die Dämonen mich bekämpfen, dann locken sie mich heraus, meine eigenen inneren Kräfte zu mobilisieren und meine Zuflucht bei Gott zu nehmen, der mich im Kampf stärkt. Die Mönche hatten Lust zu kämpfen. Sie wichen nicht feige dem Kampf aus, sondern spürten, dass sie gestärkt aus dem Kampf gegen die Dämonen hervorgingen.

Der Mönch – so glauben die Wüstenväter – wird nicht von Gott versucht, sondern von den Dämonen oder – wie sie es in einer mehr psychologischen Sprache ausdrücken – von den Leidenschaften. Im Griechischen heißen die Leidenschaften »pathe«. Das kann auch Leiden bedeuten. Doch die Mönche sprechen lieber von »logismoi«, das sind Gedankengebäude, Überlegungen. In der Tradition werden die »logismoi« dann oft mit Leidenschaften übersetzt. Doch diese Leidenschaften sind nicht etwas Krankhaftes. Vielmehr steckt in ihnen eine Kraft, die in das geistliche Streben integriert werden möchte. Wer die Leidenschaft abschneidet, dessen Spiritualität wird auch leidenschaftslos und langweilig. Sie fasziniert niemanden. Die Spiritualität der frühen Mönche war kraftvoll. Wenn Evagrius von »apatheia« spricht, meint er keine Leidenschaftslosigkeit, sondern die innere Freiheit den Leidenschaften gegenüber, einen freien Umgang mit den Leidenschaften, in dem ich die Kraft, die in ihnen steckt, in meine Beziehung zu Gott einfließen lasse. Wir sehnen uns heute nach der kraftvollen Spiritualität, die durch die Integration der Leidenschaften im frühen Mönchtum entstand. Diese leidenschaftliche Suche nach Gott hat damals viele junge Männer und Frauen fasziniert und sie dazu angeregt, in die Wüste zu ziehen und sich diesem Kampf zu stellen. Benedikt wird später von der »militia Christi« sprechen, vom »Kriegsdienst für Christus«. Das erscheint uns heute eher fremd. Doch damals war die Aggressionskraft eine wichtige Quelle der Spiritualität. Das hat gerade auch die Männer angesprochen. Eine solche männliche Spiritualität täte unserer Zeit durch-

aus gut. Heute hat unsere Spiritualität mehr depressive Züge. Wir kreisen um uns und unsere Verletzungen. Aber wir schauen nicht aus nach dem Ziel, auf das wir zulaufen. Und wir übersehen die Kräfte, die Gott uns in den Leidenschaften zur Verfügung stellt.

Wir sehen heute die Leidenschaften eher als Gegenteil von Spiritualität an. Die Spiritualität von unten, die die frühen Mönche vertraten, sah den Umgang mit den Leidenschaften aber gerade als wesentlichen Aspekt des geistlichen Weges an. Zu Abbas Poimen kam einmal ein bekannter Theologe, der mit dem Altvater über die Freuden des Himmels sprechen wollte. Doch Poimen antwortete nicht auf seine theologischen Darlegungen. Der Theologe ist ganz enttäuscht und geht ziemlich verärgert von Poimen weg. Der Schüler von Poimen macht seinem Lehrer Vorwürfe, warum er nicht geantwortet habe, da doch dieser berühmte Theologe seinetwegen von so weit her gekommen sei. Da antwortet Poimen: »Er wohnt in den Höhen und spricht Himmlisches, ich aber gehöre zu denen drunten und rede Irdisches. Wenn er von den Leidenschaften der Seele gesprochen hätte, dann hätte ich ihm wohl Antwort gegeben. Wenn er aber über Geistliches spricht, so verstehe ich das nicht.« (Apo 582) Der Schüler läuft dem Theologen nach und bittet ihn, nochmals zu Poimen zu gehen. Jetzt reden sie über die Leidenschaften der Seele und verstehen sich sehr gut. Sie sprechen nun persönlich über die eigene Seele und die eigenen Erfahrungen. Und von dort her gelangen sie zum Reden über Gott. Die Spiritualität von unten, die Poimen hier vertritt, täte uns heute gut und würde uns davor bewahren, theologisch abzuheben und an den Menschen vorbeizureden. Die Mönche sprachen über Erfahrungen, die jeder machte. Und sie hielten die Erfahrungen mit den Leidenschaften in das Licht Christi. So verstanden sie sich selbst besser, gingen barmherziger mit sich um und gelangten auf diesem Weg zu einem ehrlichen Verständnis Jesu Christi und seiner Rolle als Erlöser und Heiland.

Letzter Atemzug

Der Altvater Antonios sprach zum Altvater Poimen: »Das ist das große Werk des Menschen, dass er seine Sünde vor das Angesicht Gottes emporhalte und dass er mit Versuchung rechne bis zum letzten Atemzug.«

Apo 4

Versuchung Einer von den Vätern sagte: »Wenn der Baum nicht von den Winden geschüttelt wird, wächst er nicht und trägt keine Wurzeln. So der Mönch: Wenn er nicht versucht wird und die Versuchung nicht erträgt, wird er kein Mann.«

Anonym

Es ist für uns sehr wichtig, dass wir die verschiedenen Dämonen auch zu unterscheiden lernen und dass wir die Begleitumstände ihres Kommens feststellen können … Weiterhin sollen wir darauf achten, welche der Dämonen seltener angreifen und welche die lästigeren sind, welche schneller wieder das Feld räumen und welche stärkeren Widerstand leisten. Schließlich sollten wir auch die kennen, die unvermittelt angreifen und den Menschen zur Gotteslästerung verleiten.

Praktikos 43

Dämonen

Himmelreich Keiner kann unversucht ins Himmelreich eingehen. Nimm die Versuchungen weg, und es ist keiner, der Rettung findet.
Apo 5

Warum du?

Wenn schon
Moses sich dem
brennenden
Dornbusch so lange
nicht nähern konnte,
bis er seine Schuhe
ausgezogen hatte,
warum solltest du
dich dann nicht erst
von jedem deiner
durch Leidenschaft
verursachten
Gedanken lösen,
damit du dem
einen dich nähern
kannst, der jenseits
aller Gedanken und
Begriffe ist?
Gebet 4

Von der Begierde

Die Mönche erzählten einmal die Geschichte von einem Altvater, der ein großes Verlangen nach einer Gurke hatte. Als er dann eine Gurke bekam, hängte er sie in seinem Kellion auf, damit er sie sehen konnte. Aber er berührte sie nicht, damit er nicht von seiner Begierde besiegt wurde.

Anonym

So lange der Mensch nur gegen seine Leidenschaften ankämpft,
kann er nicht klar den Sinn seines Kämpfens erkennen,
denn er gleicht einem Menschen, der im Dunkel der Nacht kämpft.
Wer aber zur Klarheit des Herzens gefunden hat,
kann die Absichten seines Gegners klar erkennen.
Abbas Poimen

Im Dunkeln der Nacht

Lasten …

Abbas Johannes sprach: »Die leichte Last lassen wir beiseite, nämlich sich selber tadeln, die schwere laden wir uns auf, das heißt, sich selber für gerecht halten.«

Abbas Johannes Kolobos

Der Mönch, der das Unmögliche versuchte

Ein Bruder kam zum Altvater Poimen und sagte: »Vater, ich habe vielerlei Gedanken und komme durch sie in Gefahr.« Der Altvater führte ihn ins Freie und sagte: »Weite deinen Brustkorb und atme dabei nicht ein.« Er antwortete: »Das kann ich nicht.« Da sagte der alte Mann: »Genauso wenig, wie du das nicht tun kannst, kannst du auch nicht verhindern, dass du Gedanken hast. Aber du kannst ihnen widerstehen.«
Abbas Poimen

Auf festem Grund

Nur der kann seinem Nächsten Anweisungen geben, der ein ganzer Mensch und frei von Leidenschaften ist. Denn was nützt es, das Haus eines anderen zu bauen, während man das eigene Haus zerstört.

Abbas Poimen

Einer fragte den Altvater Agathon: »Was ist besser, Askese oder Meditation?«
Der Altvater antwortete: »Der Mensch ist wie ein Baum. Die körperliche Entsagung ist das Blatt, die innere Achtsamkeit ist die Frucht. Nachdem nun geschrieben steht: ›Jeder Baum, der keine gute Frucht hervorbringt, wird umgehauen und ins Feuer geworfen‹, ist es klar, dass all unsere Aufmerksamkeit sich auf die Frucht richten muss. Das ist die Achtsamkeit auf das Innere.
Aber ein Baum braucht auch den Schutz und die Zierde der Blätter.
Das ist die körperliche Entsagung und Anstrengung.«
Abbas Agathon

Was zusammengehört

Wie man zu Gott findet

*Einige Mönche haben
ihren Körper durch
Askese gequält.
Aber ihnen fehlte die
Gabe der Unterscheidung,
und deswegen sind sie
weit von Gott entfernt.*

Abbas Antonios

Versuchung

Wenn wir zum Herrn beten: Führe uns nicht in Versuchung!, dann bitten wir nicht darum, nicht versucht zu werden, denn das wäre unmöglich, sondern nur darum, dass wir in der Versuchung nicht verschlungen werden und etwas tun, das Gott missfällt. Denn das heißt: nicht in Versuchung fallen.
Apo 1159

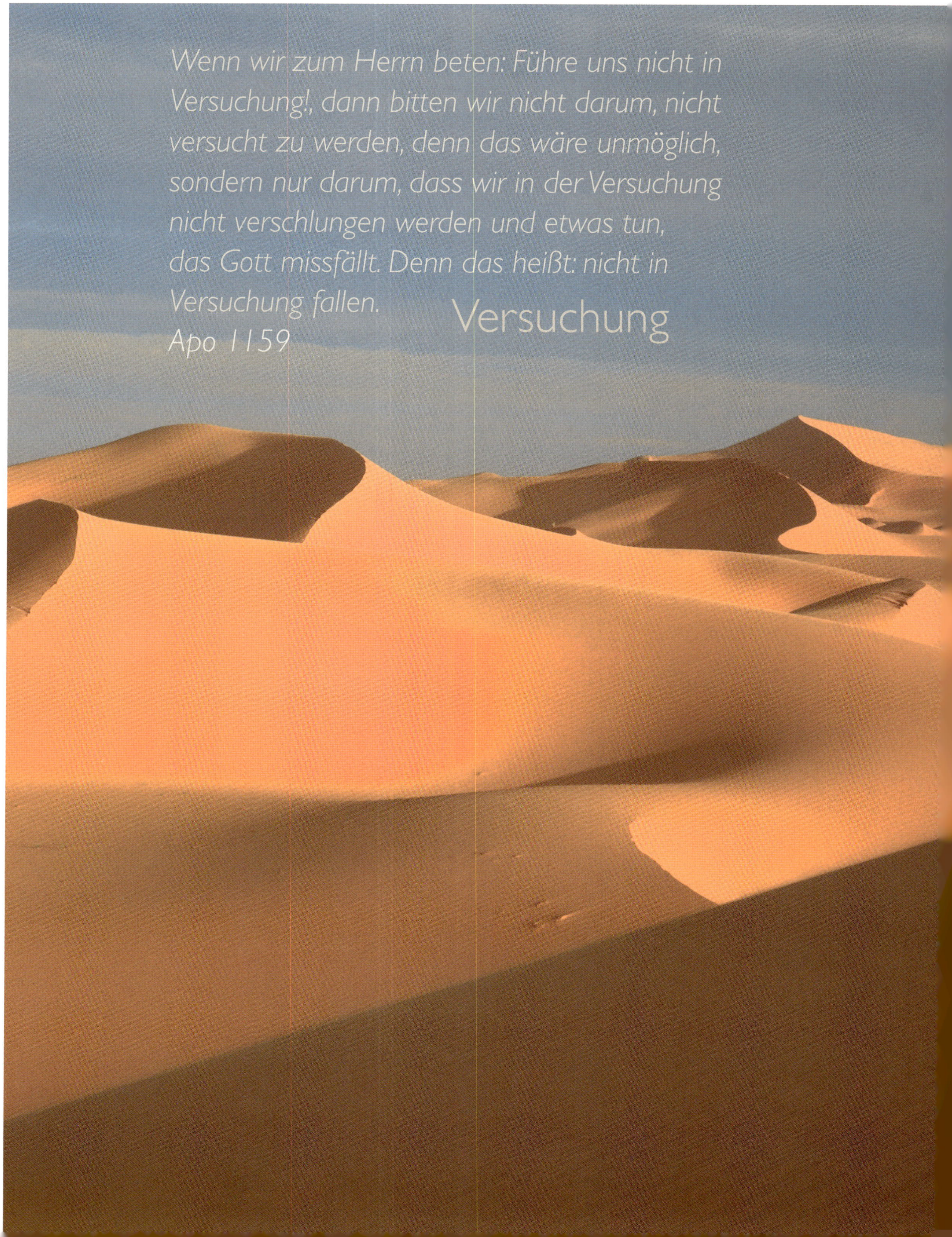

Altvater Kassian erzählte: *Was Gott von uns verlangt*

»Einmal gingen der heilige Germanos und ich nach Ägypten, um einen Altvater aufzusuchen. Er war von großer Gastfreundlichkeit und bot uns zu essen und zu trinken an. Deshalb fragten wir ihn: ›Warum beachtest du nicht die Regeln des Fastens, wenn du Besuch von Brüdern erhältst, wie wir das in Palästina tun?‹
Er antwortete: ›Fasten kann ich immer, aber euch habe ich nicht immer bei mir. Außerdem ist das Fasten sicherlich eine nützliche und notwendige Sache, aber es hängt von unserer eigenen Entscheidung ab. Während uns die Nächstenliebe von Gott auferlegt ist. Da ich in euch auch Christus aufnehme, muss ich mich euch ganz und gar widmen. Dann aber, wenn ich euch verabschiedet habe, kann ich die Regel des Fastens wieder aufnehmen.‹«

Abbas Kassian

Bibliografische Information der Deutschen Nationalbibliothek
Die Deutsche Nationalbibliothek verzeichnet diese Publikation in der Deutschen Nationalbibliografie; detaillierte bibliografische Daten sind im Internet über http://dnb.d-nb.de abrufbar.

Fotos: © Jürgen Hohmuth / zeitort.de
(Bedanken möchte ich mich bei Dagmar Forelle, Ralf Braun sowie Doris und Idir für Begleitung und Inspiration. Besonderer Dank gilt Jana Juni für ihre Mitwirkung an diesem Buch.)

1. Auflage

Umschlaggestaltung: schwecke.müller werbeagentur GmbH, München
Satz und Layout: redhead, Steinhagen
Druck und Einband: Print Consult, München
ISBN 978-3-579-06959-3

www.gtvh.de